大展好書　好書大展
品嘗好書　冠群可期

大展好書　好書大展

品嘗好書　冠群可期

形意大成拳系列 3

形意拳技擊術

尚 濟 著

大展出版社有限公司

尚濟、劉光陸二〇〇〇年十月一日金婚合影。劉光陸大夫，業餘進行養生氣功與延年益壽之研究，是馬禮堂養氣功的接班人。

作者與李文彬（尚雲祥之關門弟子）師兄合影

圖為搬攔錘之「攔」。

作者教西班牙學生凱麗練八十八式太極拳

作者與西班牙學生合影

太極功中「摸魚式」，轉身終了之氣沉丹田，同時也是形意拳的起式。

散手十三劍第一式「日繞山尖」

序

　　形意拳是武當內家重要拳种之一，其特點以散手為主，套路輔之；以養氣健身為主，技擊格鬥次之；雖動作簡單，缺乏表演性，但要求嚴謹，以誠意為第一要義，不以虛招花架炫人耳目，注重健身養生与技擊之實用；調節臟腑之氣血，加強其活動功能，修殘補缺，強身健腦；根據五行生剋制化之理，因勢利導，出奇制勝，以至大至剛的浩然之氣，摧毀對方之凶猛剽悍。岳武穆之戰敗金兵，戚繼光之驅逐倭寇，都是形意拳鍛鍊之功。《紀效新書》有云：「實用則不良於觀，美觀則不實用」，旨在於斯。故練形意拳者，皆推岳飛為其首創人，雖無文獻可考，而稗史之傳說，亦不為無因。

　　由於形意拳簡單易學，健身與制敵之效果明顯，體用兼備，故長期以來，一直為武術家所崇尚，在華北各省流行甚廣。

　　有史可考者（**按形意拳系譜**），河北形意拳始於深縣李能然先生。先生字飛羽，受業於山西戴龍邦，回河北後；拳法驚人，較技無不勝，時人稱之為「神拳李洛能」。先生在深縣設場授徒，從學者甚眾，其

出類拔萃者有郭雲深、劉奇藍、宋世榮、白西園、車毅齋、劉曉嵐、張樹德、李鏡齋等，號稱八大弟子。

郭雲深傳李奎元、劉維祥、許占鰲、錢硯堂等。劉維祥為郭雲深最得意的弟子，又曾學拳於宋世榮、白西園二人，以得郭雲深之力、宋世榮之柔、白西園之巧而聞名於武林，長期擔任河北省國術館館長。劉維祥傳馬禮堂、馬青漢等數十人，馬禮堂傳余。故河北形意拳，至余而五代也。

余自入馬禮堂先生之門，耳提面命，口授身傳，寢饋於斯道者，四十餘年，得稍窺形意拳技擊之秘，亦深受形意內功強身健體之益；以後又與劉光陸大夫合作，在中、西醫理論的指導下，以祛病延年為目的，將形意拳之精粹與內功之精髓相結合，熔於一爐而新出之，成為武術醫療功法，并在療養院、中醫院等許多醫療單位，進行了長期的臨床醫療實踐，為廣大患者治好了許多頑症、難症、老年病和多年陳疾，深受廣大患者的歡迎。

1985 年，余擔任「西安形意八卦散手研究會」會長後，不久又被聘為「中國武術學會」委員，自是經常參加各种武術活動，與武林同道遂有較廣泛之接觸。許多武林同道和我形意拳門下弟子，以及武術醫療內功之受益者，都勸我將平生所學及經驗體會總結出來，公諸世人，萬勿封建保守，使之失傳。余雖曾在《武術健身》及《中華武術》等雜誌上發表過許多篇有關形意拳方面的文章，但猶未能滿足形意拳技擊

愛好者的要求，因此編寫了這本《形意拳技擊術》。所謂技擊，即在防身自衛方面克敵制勝的方法和實踐經驗，然而，要想掌握技擊方法，必須以健康的體魄為其基礎，所以在本書許多章節內都介紹了祛病健身方面的鍛鍊方法。

書中形意拳的基本內容和基本練法，多出自先師和前輩們所親授；形意拳與中、西醫理論之結合和在醫療、養生方面的應用，則多出自劉光陸大夫的幫助和他的實踐經驗總結，特在此表示衷心感謝；技擊應用和對形意拳理論的詮釋則是編者本人多年來實踐的點滴體會。

我生不才，資質魯鈍，雖經先師多年來耳提面命，終是領悟不深，理解不透，故在敘述與詮釋中難免有片面與謬誤之處，倘得海內同志不吝指正，不勝感激之至。

目　　錄

第一章

形意拳基本功

第一節　站　椿

　　形意拳入門的一定之規，稱作形意拳基本功，它是延年養生、學好套路和正確掌握技擊要領的必不可少的基礎訓練，它包括通經絡、養真氣、定形式、固底盤四個方面。

　　形意拳是體、用、藝三者兼備的優秀內家拳種之一，講究內外兼修，神、氣、形合一。內有氣之飛騰，外有勢之變化，勁有起落、橫豎、吞吐、剛柔，三者合一，方得養生與技擊之妙用。初學者必須先進行氣、形、勁三個方面的基礎訓練，然後才能開步練拳。

　　基本功訓練，諸前輩拳師各有各的教法，筆者所學是河北劉維祥老先生一派。劉老先生既得郭雲深之力，又得宋世榮之柔和白西園之巧，其基礎訓練以椿功為主，對氣、形、勁三者同時進行訓練，行之頗為有效。

　　站椿功是按照一定的形式要求站立不動的一種練功方法，是形意拳入門格式之本。老前輩們的功夫都是「站」出來的。劉老先生常說：「三劈不如一站。」尚雲祥先生授

徒，要先站三年樁，考試合格才能開步練拳，可見站樁之重要。站樁的形式多種多樣，而比較常用的有定勁樁、乾坤樁、雞腿樁和三體樁四種。

一、定勁樁

　　兩腳平行開立，與肩同寬。兩臂自然下垂，兩手置於大腿外側，手心朝裡。兩膝微屈，膝蓋與腳尖在同一垂直線上；上身正直，胸背肌肉要放鬆，鬆腰，垂臀，頂頭，豎項。然後兩臂向前徐徐抬起，高與肩平，屈肘沉肩，如在胸前抱球狀，掌心朝裡，兩中指尖相距約1分米（3寸許）（圖1-1）。

　　稍停，隨即兩小臂內旋，掌心翻轉向外（前方），虎口撐圓，高與口齊，眼看中指尖（圖1-2及其側面圖）。

圖1-1　　　　圖1-2正面　　　　側面

此時精神要內導，目似合未合，垂瞼內視；口似閉未閉，舌頂上齶；呼吸純任自然，由粗而細，由快而慢，由有而無，由動而靜；意想小腹內之氣，起伏動盪，四肢之氣，上下流通。意到下肢，漸覺小腿與腳掌、腳趾有氣沉腫脹之感，十趾抓地，有入地三尺之意；意到雙手，便覺十指發癢、發麻，雙掌發熱發脹，有變大變厚之感。此時如閉合雙目，便覺天地間空空蕩蕩，只剩自己雙手，其大無邊。

此乃生發周身浩然之氣的要法也。初練者，站十分鐘便覺勞累，可稍稍活動後再繼續站。

隨著功夫的長進，站的時間可越來越長。每天早晚各站一次，每次以不少於40分鐘為宜，多者不限。

二、乾坤樁

兩腳平行開立，與肩同寬，足心空涵，如行泥地；兩膝放鬆微屈，下與足尖相對。兩臂徐徐向前抬起，屈肘沉肩，掌心向裡，高與胸齊，如抱球狀，不能用力。頂頭豎項，正脊，拔背涵胸，肌肉鬆淨，任大氣之自然流行，下於丹田。

維持此式不動，集中精神，消除雜念，頭腦空清，一塵不染。然後垂瞼內視，細調呼吸。待氣勻之後，即舌頂上齶，以意領氣，由天心（即印堂）而下，盤旋於膻中（兩乳中間），再沿任脈下於丹田。如此可連做數次。

氣通之後，兩臂自然下落，兩手內外勞宮相對，左裡右外覆於丹田之上。鬆肩墜肘，心靈空而腹沉實。呼吸逐

漸深、長、細、勻，若有若無，漸覺有一股熱氣自上而下，此即調息行氣之功也。

照以上站法，每天至少站40分鐘以上，一天也不能間斷。兩週之後便能嘗到個中滋味，而有欲罷不能之勢。練之日久，自覺丹田之氣甚為充足時，呼氣就不要再往下送，呼吸要微微聽其靜止，以免丹田發熱太甚，壯火食氣，至要！至要！

功夫精深之後，有時會出現真氣衝動現象，自己動起來。此種現象既不可強求，也不要強行制止，聽其自然，則有益而無損。

三、雞腿椿

兩腳前後站開，前腳腳尖向裡扣，後腳腳尖亦微朝裡扣，前腳跟距後腳尖約一腳半之遠；兩膝極力彎曲，使後腿膝蓋骨對準前腿膝彎，相距約7公分（兩寸許）為得體；頂頭，豎項，正脊，鬆腰，垂臀，尾閭上提，胸向內扣；左掌心按於丹田之上，右掌覆於左掌上，內外勞宮相對；肩鬆，肘墜，脅束而張。

兩膝向裡合勁，兩足尖向裡扣勁，兩腳跟向外撐勁，上下左右，一齊將勁合住。舌抵上齶，用鼻徐徐呼

圖1－3

吸，勿使有聲。吸氣咽下時，眼要向上翻，以泄陰火，使真氣歸於丹田，站到困極之時，可將兩腳掉換一下，一切姿勢仍如前述。如此輪換著站，每天早晚兩次，每次站40分鐘以上，多站不限。

　　此式乃是形意拳練底盤最有效的功夫，簡單易學，長功夫快，練之久則腳步穩健，且莫等閒視之（圖1－3）。

四、三體椿（又叫子午椿、三才椿、三體式）

　　立正，腳跟靠緊，兩腳尖張開約45°左右，身體半面向右（約45°），左腳尖對正前方；雙膝微屈，膝蓋與腳尖上下相對；兩手握拳，置丹田旁，拳心朝上（圖1－4）。

　　右拳上提，小臂外旋，肘緊貼肋向前上方鑽出，邊鑽邊吸氣，拳心向面部，高與鼻尖平，吸氣盡而式成（圖1－5）。

　　呼氣時，左拳上提，小臂外旋，以肘擦左肋發而伸向

圖1－4　　　　　　　圖1－5

胸前，拳眼向左，自右拳上向前，拳散開變掌，邊內旋翻掌邊向下方劈去，高與肩平；同時，右拳亦變掌，掌心朝下，拉回下按於右肋下之日月穴旁。與劈掌之同時，左腳筆直向前蹚出一步，前後腳相距約兩腳半之遠；手足要同時動作，掌隨呼氣而下落，呼氣盡而式成（圖1－6）。

圖1－6

式成時，身斜45°，兩膝彎曲約135°，後膊屈約120°，前膊屈約150°，後腳跟、前腳跟、前腳尖三點在一條直線上。鼻尖、前手中指尖、前腳尖三尖要對準。骶骨根與後腳跟在同一鉛垂線上。手與足上下相對，肘與膝上下相對，肩與胯上下相對，此之謂「外三合」。頂頭，豎項，鬆肩，墜肘，胸涵而背拔，虎口撐圓，目視前方。

【用勁的要求】

全身放鬆，頭如懸樑，兩肩自然下沉，使兩膊和脊背上的肌肉都有下墜的感覺。由頸椎開始，將脊椎逐節向下鬆開，直到骶骨。然後將骶骨向前一送，向上兜翻，將小腹托住。穀道內收，有忍便之意。此之謂提肛縮臀。兩膝向內合勁，兩胯抱勁，十趾抓地，手掌向前塌，手心朝回縮，兩膝極力彎曲，尾中大筋極力要直，渾身之勁一合，內氣騰然而起。

心情要十分寧靜，精神集中，身雖放鬆而氣勢騰挪，伏如橫弩，有一觸即發之勢。心一動而意即隨之；呼吸純任自然，無一絲勉強之處，以意領氣，使之升則升，使之降則降；吸氣時氣上升而內臟隨之緊縮，呼氣時氣下降而內臟隨之放鬆，自覺雙手雙足熱脹麻癢，有氣達四梢、力充掌指之感。此之謂「內三合」。

如上述練習半年之後，自覺丹田氣足，在體內運行流暢，四肢、四梢之感甚強之時，即可加練「勁功」。亦即隨外氣之呼吸，其內氣之升降，做定式的鬆、緊活動。

【練法】

先看定前方三四米遠處一個目標（比如一棵樹），以意引導，將自己的氣和勁伸長，使掌、指與目標相呼應而連接起來。氣升時，勁向回縮，自覺我的勁兒已將目標拉過來；氣降時，後腿蹬勁，前腳跳勁，十趾抓地，氣貫雙手，以氣催力向前發出，自覺我力已將目標推了出去，如此一升一降，一鬆一緊，一吞一吐，即可打下「爆發勁」的基礎。

【注意】

做這項練習時，站樁的外形姿勢不能變動，只是以意指揮做協調的鬆緊運動，力由丹田發出，腕、掌、指等梢節雖暫時「緊」了，而肩、胯、腰等根節則仍是放鬆的。切忌渾身一齊繃緊，使身體像一根木樁，失去彈性，達不到站樁、行氣應有的效果。

站樁時，靜中寓動，呼吸自然，深長勻細，若再配以眼神內視（這裡指養生療病，與以技擊為目的者不同），

可以調節內臟的植物性神經反射，使內臟細胞產生生物電，形成人體生物場。它在體內產生的電磁波，可以調整細胞的新陳代謝，使其達到中醫所說的「陰陽平衡」，以袪病保健。

站椿時，十趾抓地，足心空涵，提膝，抱胯，提肛，起到了良好的補腎作用。蓋足心的湧泉為腎經之穴，腰為腎之腑，踵為腎之要，膝與脛都屬腎。腎為先天之本，腎脈通則腎精足、腎氣旺，體魄自然強健。

從站椿的姿勢來看，下肢負重較正常時為大，尤其是抱胯，可使骨盆腔和下肢骨骼與軟組織的循環代謝加強，增加了血流量，並能使全身神經體液調節系統維持動態平衡。兩臂是抬起狀態，有利於肋間肌與膈肌同時收縮，吸氣時胸廓擴大，腹部凸起，大大增加了肺通氣量，同時肺泡壁的通透性也增大。

以上種種，都起到促進康復的積極作用。醫療實踐證明，許多腎虛、遺精、腰椎酸軟、神經衰弱、頑固失眠的患者，透過椿功鍛鍊，都取得了滿意的療效。

第二節　鷹　捉

形意拳所特有的內勁叫「翻浪勁」。翻浪勁的得來，是由於練習了「起落鑽翻橫豎」的基本功夫，而「鷹捉」則是練形意拳起、落、鑽、翻的主要手段，是練「站椿功」之後的第一個動式練習，是追尋形意拳內勁之奧秘的一把鑰匙，是為「五行拳」及「十二大形」等打基礎的母

拳，也可謂母拳中之母拳。

拳經云：「出手橫拳，把把鷹捉」；又云：「出勢虎撲，起手鷹捉」，可見鷹捉在形意拳中的重要地位。前輩形意拳家對此式往往終身練之不懈，真有一輩子品不夠的特殊味道。

一、鷹捉的練法

1. 由三體式站樁開始（三體式站樁的練法，參閱本書「站樁功」）。

2. 左手邊向下、向回捋，邊握拳，右手亦同時握拳，兩拳心均翻至向上，置於肚臍兩旁，前臂要靠緊腹側，眼看前方。

3. 上式不停，左拳經胸前由下頦處向前上方鑽出（「拳從口出」之謂也），高與口平，拳心斜向外上方，小指朝上，肘尖下垂，肩向前鬆，肱屈曲約110°～130°；右拳不動，眼看左拳。與左拳鑽出的同時，左腳向前墊半步，腳尖外撇約45°，膝微屈，重心移向左腿；右腿向後蹬勁，但膝仍要微屈，不可挺直。同時，吸氣一口，吸氣盡而式成（圖1－7）。

4. 右拳經胸前自口前鑽出，經左臂脈窩，即由拳變

圖1－7

掌，掌心朝前下方以五指之力向前下方劃去，高與肩平，五指分開，虎口撐圓，掌心內涵，五指如鉤；肩向下沉，肘向下墜，肱屈曲約130°～150°；左掌亦同時變掌，掌心朝下往回捋至小腹左側停住，拇指貼緊小腹，眼看右手。與右手向前翻掌擊出的同時，右腳向前蹚出

圖1－8

一大步，左腳跟進半步，呼氣盡而式成（圖1－8）。此為鷹啄之右式。

5. 再前進而變鷹啄左式時，其動作與上述之2、3、4相同，唯左右相反。

二、鷹啄之用勁要求

頂頭，豎項，下顎要無形向前用力。身勢要正，肩要沉，肘要垂，舌頂，齒叩，眼前視，兩腳十趾抓地，兩手如抓物，虎口要撐圓，四指稍張開，掌心要內涵，此之謂「虎爪」。

出手起落，要兩手護心，兩肘護肋，手足上下相順，齊起齊落，不可散亂。前拳向上一鑽時，為吸氣，同時提肛、縮腎，自中焦領起肺氣，直出中府、雲門；手向下一翻一落，同時呼氣，其氣自雲門沿臂內側而下，直貫於少商，充於五個指尖。發力時，隨著掌之翻落，雙腿微屈，

臀尾向下垂勁，前掌指向下一畫，後掌向回捋，如同向下鉤物一般。上身放鬆，胸中空洞洞，氣向下沉，腹內充實，自覺沉甸甸，此之謂「氣沉丹田」。

進步換式，既要緊湊，又要自然，總以不費力為宜，所謂「打拳如走路」也。雖云「自然」，但切不可鬆散，必須上下協調一致，內外完整一氣，意動則氣動，氣動則形隨。意、勁、神同，方為得體。此勢剛中有柔，柔中有剛，久練才能有所體會，得之非易也。

三、注　釋

註一

起落鑽翻橫豎

學形意拳，若不能辨明何謂起落？何謂鑽翻？何謂橫豎？則無從知道力從何處著手，心從何處領會。

蓋從外形言之，手一動即謂之起。由動而上而自口出之謂之鑽。鑽之後，小臂內旋使腕稍扭謂之橫。由扭而虎口朝上時謂之翻。逮扭至虎口完全朝上則成為豎，至此而近於落。再以手前去而逼之，則叫做順。手翻至掌心朝下而向前下方塌勁，則謂之落。鑽而起，翻而落，其中又藏有橫豎之變化。落時有順，又有「落順不見順」之妙用。

從內中而言，手起氣也起，手落氣也落。一起一落，一升一降；一鬆一緊，一蓄一放；鼓蕩澎湃，如水之翻浪。出手能打出起落鑽翻橫豎的變化，才能打出「翻浪勁」來。

註二

氣沉丹田

無論是站樁練氣、練鷹啄或開步練拳，都需做到氣沉丹田，這是練形意拳的要點之一。不能氣沉丹田，便打不出形意的內勁來。所以，對什麼是氣沉丹田和如何做到氣沉丹田，應該有一個正確的認識。

氣沉丹田乃是採用以膈肌上下運動為主的腹式呼吸，吸氣時膈肌向下運動，肺體儘量向下膨脹，肋骨微微向外開，下邊提肛縮腎將腹內臟器托住；呼氣時，膈肌上升，兩肋向內向下合，腹內臟器自然下垂，真氣沿任脈下行，注入丹田，形成心腎相交以補命門之火，胸背、雙肩和腹部以上始終是放鬆的，而腹部則甚為充實，呼吸也比較深長勻緩。這也就是「先天之氣宜穩，後天之氣宜順」的意思。

這裡有兩點需要說明。

第一，氣沉丹田，不同於練硬功時的「氣貫丹田」和「入力丹田」，貫和入力是努力壓氣向下使其貫入丹田，沉則順其自然而因勢利導，有鬆靜之意。

第二，文武之道一張一弛。練拳是動功，其勢有開有合，有蓄有發；呼吸也必然隨之，有入有出；其氣也要有升有降，有緊有鬆，不能總在丹田僵死不動，要鼓蕩開合，縱橫飛騰。這也就是《神運經》上所言：「縱橫者，脅中開合之勢，飛騰者，丹田呼吸之間。」可見丹田要有呼吸。並不足氣存於丹田而不動。

　　那麼，為什麼要氣沉丹田呢？首先從保健、養生的角度來看，人自初生，而少壯、而衰老的發展過程，也就是腎氣的生長、發育、充實到衰退的過程，如能延緩腎氣的衰退，也就能推遲人體衰老的到來，這已經為中、西醫理論所證明。

　　中醫所說的腎，其包含的範圍甚廣，不僅僅是兩個腎臟，還包括了生殖、泌尿和部分重要的內分泌系統。自臍下到恥骨這一範圍，籠統稱之為丹田，即練氣結丹之所。此處正是產生性激素的位置，內有前列腺、睾丸，女子卵巢等，腎臟亦在其附近，經過腹式呼吸，膈肌上下運動和提肛縮腎的練習，可增強這部分臟器的功能，使其延遲衰退，人體也就可延緩衰老。產生腎上腺皮質激素的功能加強，則人不但精力充沛，且抵抗外來風寒濕熱的能力增強，如同吃了「強的松」一般。

　　對內練一口氣來說，丹田是生氣之源，練氣時先從丹田結成氣丘，然後沿經絡運行，形成人體經絡場。所以練丹田者，可起到「補腎」之功，腎氣足，則武藝才能精進也。再者，氣沉丹田時的腹式呼吸，使膈肌與腹肌的力量增強，加大腹壓變化，改善腹腔血液循環，減少體內淤血，也改善了心臟的工作。

　　從技擊角度來看，採用腹式呼吸，虛胸而實腹，氣向下沉，膈肌大幅度向下運動，肺體向下膨脹，腸胃等臟器垂注於腹內，以及肩之下沉，胸肌、背肌的放鬆等，可使腹部充實而沉重，而使人體重心降低，在力學上體現了穩定作用，在運動中可達到立身中正安舒，樁步穩健。同

時，由於胸、背、腰肌始終處於空虛鬆靜狀態，既能寬舒輕盈，又復靈活而具有彈性；既便於隨對方進攻之勢縱橫纏繞引勁落空，得勢後又便於運用腰為弓把的作用，發出丹田命門之力。

這就是前輩形意拳家常說的：「活潑於腰，涵蓄在胸，運丹田之力，發腎氣以打人。」

那麼，在練拳時採取什麼樣的方法和步驟，才能做到氣沉丹田呢？

前邊已經提到過，在練拳過程中的「氣沉丹田」，並不是把氣沉入丹田後堅守不動，而是根據拳勢的變化讓氣在丹田（氣海）與中脘之間有提有下，起伏鼓蕩。對於練拳已有初步功夫的人來說，只要在走架時注意做到：頭正而起，肩平而順，胸出而閉，背圓而正，塌腰鬆胯，隨拳式的動作，蓄吸放呼，開吸合呼，吸為提，氣至中脘；呼為下，氣下於海，則自然而然就做到了氣沉丹田。對於初學的人來說，一時不易掌握，可分三步去做。

1.先練鬆靜站立，即「自然樁」是也，無論採取形意拳的三才樁、八卦掌的定勁樁、太極拳的渾元樁，或少林拳的馬步樁，都是一樣。按要求將姿勢站好，全身放鬆，要鬆而不懈，精神貫注，氣勢騰挪。完全採用自然腹式呼吸，不要勉強，多著意於放鬆。

每天早晚各站半小時即可。練上2個月左右，以達到能夠徹底鬆靜為佳。

2.仍按所採取的樁法的姿勢鬆靜站立，採用逆腹式呼吸，吸氣時小腹內收，提肛縮腎，兩肋微向外開，將氣提

到中脘，與吸氣的同時，兩手向回收；呼氣時，小腹放鬆，外凸，仍要微微提肛，兩肋微微向內向下合，同時兩手向外推。隨著熟練程度的增加，呼吸時，兩手向回收和向外推的幅度也越小，最後變為以意領氣向回收和以意領氣、以氣催力向外放，從外形上基本看不出手的動作。

如此再練 3 至 6 個月即可，多練更好，練的時間越長，則功夫越深。

3.選幾個動作簡單而收放開合、蓄發節奏分明的拳式，將動作與呼吸相配合，開吸，合呼；蓄吸，發呼；收吸，放呼。吸為提，呼為下。練時千萬不要快，要自然，不要勉強，不需很長時間，就可以自然而然地達到氣沉丹田了。此時自己會明顯地感覺到，兩腿前節有力，小腿肚子發沉，雙腳有入地之感。每一動作力之源都是起於腳跟，沿踝骨而上。腰胯與大腿鬆快自如，兩膝有力，腰以上輕鬆靈活，動作幅度大而敏捷，整個身子如同一根鞭子，鞭把在腳跟，鞭杆在腰，兩臂兩手如鞭梢。此後，不論練什麼拳套，不論走架快慢，都可保持氣沉而不浮，步穩而不亂，動作發勁，整而不散，如風吹大樹，百枝搖曳，妖嬈自然，妙趣橫生矣。

第二章

五 行 拳

　　五行拳，即劈、鑽、崩、炮、橫五拳。它是形意拳的基本拳法，所以有「形意母拳」之稱。五行拳是五個拳勢，五種勁力，五種用法，在技擊上是形意拳其他一切拳勢鍛鍊和運用的基礎；在祛病養生方面，它可疏通五臟經絡，培補五臟元氣，有針對性地治療五臟的疾患。

　　練劈拳，氣發於肺，其拳順則可以理肺；鑽拳之氣發於腎，故練之可以強腎固精；崩拳直而速，氣發於肝，其拳順則可以舒肝；炮拳最烈，其氣發於心，用之得當，則可以養心血；橫拳之氣發於脾，故練之可以健脾。

　　人之動作，以心為主，以氣為用，以丹田為根本。練好丹田（有丹田功）則腎精足，精神健旺，動作靈敏；心血足則神經靈敏，腦力堅強；肺氣足則呼吸功能健全，與外界氣體交換充分；肝氣足則發力迅猛；脾臟健則肌肉豐盈，力大無窮。

　　所以，技擊家名此五拳曰「形意拳之母」；而武術內功養生家，則稱謂「五行培元功」也。

　　五行拳流傳既久且廣，支派亦多，名家輩出，教授不一，各有千秋。但其基本練法，行氣、走動勁與內臟經絡

之呼應以及袪病養生之作用，則大體是一致的。今分述於後。

<h1 style="text-align:center">第一節 劈 拳</h1>

<h2 style="text-align:center">歌 訣</h2>

劈拳高舉出雲門，起鑽落翻氣暢伸，
少商指引意中氣，通經理肺效如神。

一、基本練法

1. 由三體式開始。

吸氣時，左手邊握拳邊向下向回捋帶，到肚臍時翻至拳心朝上，隨即經胸前從下頦（下巴）處向前上方鑽出，高與口平，小指朝上，肘屈約110°～135°；同時，右手亦握拳置於肚臍右側，拳心朝上，小指和小魚際緊靠腹部。與左拳上鑽的同時，左腳向前墊半步，腳尖外撇，兩腳成錯八字步，雙膝均微屈，重心在左腿。眼看左拳（圖2－1）。

呼氣時，右拳經胸前自下頦向前鑽出，並迅速經左臂脈窩散拳變掌，作推勢向前劈出，掌心朝左下方，高與肩平，五指分開，虎口撐圓；鬆肩墜肘，肱屈約150°左右。同時，右腳向前蹚進一大步，左腳跟步（若右足前進較少，左足不跟步，則是「定步劈拳」）；左手亦同時變掌，翻至掌心朝下，往回捋帶至臍左邊停住，拇指緊靠腹

圖2-1　　　　　　　　圖2-2

部。眼看右手中、食指，呼氣盡而式成（圖2-2）。

其定式之形狀與三體椿同。再進而變左式時，動作同上，唯左右相反。

2. 亦是從三體式開始，其左手之捋回與鑽出，與第一種練法相同，唯左腳要先回半步再向前墊一大步，且腳尖不外撇；右手向前鑽劈時不散拳變掌而仍握拳，以前臂尺骨為刃而向前下方劈出。右腳仍要同時蹚進一大步，左腳跟步。其他要求，均與第一種練法相同。

二、回身動作

練劈拳需回身時，左式右式均可。設為左式，即停住時左腳左手在前，先將左腳尖極力向回勾，與右腳成倒八字形；同時，將左手向下、向回捋，至臍之左邊停住，拳心朝上；然後身體向右轉至面向起式處，同時將右足提起

　　向前（向起式方向）墊出半步，落地時腳尖外撇。與墊
步的同時，右手即握拳經胸前自頦下鑽出（圖2－3）（注
意，鑽出要快，與轉腰墊步需同時起落，拳未鑽出時，切
切不可轉頭向回看）。然後即進左腳，跟右腳。同時，左
手向前劈出，成左式劈拳（圖2－4）。

　　如欲收式，可在轉身後，將前手收回至胸前，兩手一
齊下落，經腹前再向外（左、右）、向上畫弧至腮邊，然
後十指相對，掌心朝下，徐徐按下到小腹前。隨即後腳向
前與前腳併攏，直立，將兩手自然垂落到大腿外側。

圖2－3　　　　　　　　　　　圖2－4

三、用勁要求

　　頭向上頂，下顎要於無形中向前用力。兩腳抓地，後
腳用力蹬，前腳用力跐，五指分開，虎口撐圓，手心空
涵，身勢要正，尾中大筋要直，齒要叩，舌要抵，眼向前

看。出手起落要兩肘護肋，兩手護心。手起腳也起，手落腳也落，手到腳到，完整一氣，起鑽落翻如水之翻浪。

前拳上鑽時為吸氣，同時提肛、縮腎，自中焦領起肺氣，直出中府、雲門兩穴；後手向前劈出時，一翻一落，同時呼氣，內氣自雲門沿胳膊內側直貫入少商，充於五指。發力時，隨著掌之翻落，雙腿向下微蹲，前掌向前一搓，後掌向下一按，肘向下墜，肩向前鬆，胸背空空洞洞，小腹內充盈沉實。氣發而為聲，聲隨氣出，手隨聲落。內氣鼓蕩澎湃，自有一種威勢。

劈拳所發的勁力，從外表上看，只是一個斜向前下方的力，其實其中暗含著向下、向前、向前上方三種勁道。向下的是「劈勁」，故而必須沉肩墜肘；向上的力來自命門和臀尾，故尾中大筋要直，尾閭宜向前兜，肩要沉要鑄；向前之力主要靠後腿的蹬勁和肩向前鬆之力，三力混合在一起，寓於一劈之中。

打手時究竟用哪個力呢？那就要看對方的來勢和勁路了。所以平時練拳走架時，要悉心體會，動作要慢不要快，練到自然、協調，實戰時才能得心應手。

四、技擊用法

前手向回捋帶及向前上起鑽，是顧法也是打法；後手之鑽劈乃是前手進擊的補充。下邊是用寸步、半步，還是上步用過步，則全視接手後雙方勁路的變化而定。

接手時，我即以前手接對方的腕部向回、向下捋帶，對方將本能地出現防禦性反應而向回抽撤，我可以順勢撤

手並以另一手用向前之勁擊之。

　　此時最好用寸步，且轉腰以助力。也可在對方向回撒手掙力之時，我即撒手握拳而順其勢起鑽，有時可將對方的前腳拱起，此時只要進半步，同時出後手助力，前臂向前鬆肩，長腰，後腳蹬勁、跟步，對方往往會被鑽出去。當然前手也可翻而落，打成不換步、不換手的劈拳，也同樣能夠奏效（圖2-5）。

　　若對方身大力強，我無把握將對方一擊而出之，則可在我前手鑽出後轉入向下落翻時，急上後腳過前腳（這叫上步）；同時後手隨腳之落，亦翻劈而出，向對方前胸擊去，此時後腳已變成前腳，前手已變成了後手。勿停，隨之後手即用向前之勁向對方前胸打出，同時後腳跟至前腳側，震腳以助沉氣發力的整勁，成「拗身跟步劈拳」之勢（圖2-6）。

圖2-5

圖2-6

仍勿停，隨即前手又急向前劈出，同時前腳進一步，落地成圖2-4之勢。這一鑽三劈，要一氣呵成，中間不能有游移停頓，要快、穩、準、狠，出手迅猛有力，以腰催肩，以肩催肘，以肘催手，猶如火槍射擊，扳機一動，其物必落，斯之謂「連環劈拳」。

五、祛病養生

劈拳作為祛病養生的手段時，其練法則有所不同。一般只採取上述第一種練法的動作。動作宜緩慢、柔和，不發迅直剛猛之整勁。

劈拳打的是一氣之起落，故應特別注意呼吸與起落鑽翻的有機配合。每打一個起落，定式時都保持三體椿的姿勢，而且要求定式5秒～10秒左右。起鑽落劈，兩手皆從中府、雲門而出，此兩穴乃是肺經的主要穴位，落時虎口圓撐，肺氣直貫大指端之少商，轉入食指端大腸經之商陽穴。中府是肺經之募穴，又是手太陰肺經和足太陰脾經之會合處，對肺經的肺氣至關重要。少商足肺經的井穴，關係到對呼吸系統一切疾病的治療。

眼為心之使，眼到心即到，心到神到而意、氣隨之，故目視虎口則肺氣暢通。兩手起鑽落翻，帶動了肋間肌、肋下肌的運動，使肋骨上提、下拉，增大了呼吸時胸腔的擴張和收縮，使肺通氣量增大，也起到養肺的作用。《內經・素問・經脈別論》有云：「脈氣流經，經氣歸於肺，肺朝百脈」；《形意拳要論・五行》中說：「肺經動而諸脈不能靜。」故肺脈通暢則諸臟脈氣皆隨之而動。

西醫認為，肺向人體輸送氧氣，是要透過肺血流量的控制，而肺泡壁的微動脈，又受體液因素的調節，但體液量和成分的穩定，主要是透過腎來調節的，所以，欲治呼吸系統的疾病或增強體質，必須養肺與補腎同時並舉。

由於劈拳定式與三體椿相同，一動一定，既有養肺之功，又有補腎之能，於是它便成了治療呼吸系統疾病的理想功法了。

第二節　鑽　拳

歌　訣

金生水來水濡金，肺腎兩家本相親，
劈開火山通丹灶，鑽出腎水返崑崙。

一、基本練法

由三體式開始。

左手向回、向左前畫一個圓弧，並翻至手心朝上，回到原來位置。同時，左腳向前墊進半步，腳尖外撇，使兩腳成錯綜八字，並吸氣一口。右手握拳，拳心朝下，虎口緊靠腹部。眼看左手（圖2-7）。

呼氣時，右拳經胸前向前上方連擰帶翻順左臂脈窩鑽將出去，拳心朝上，高與口平。同時，右腳向前蹬出一步，腳尖朝前方；左腳跟步，兩腳成三體椿步（圖2-8）。右拳與右腳上下相照；左掌亦同時扣掌自右肘下捋

回，握拳停於臍下，拳心朝下，虎口緊貼小腹。眼看右拳。

　　此為鑽拳右式。再向前墊右腳，進左腳，打鑽拳左式，動作與上相同，唯左右相反（圖2－9、圖2－10）。

圖2－7　　　　　　　　　圖2－8

圖2－9　　　　　　　　　圖2－10

二、回身動作

如欲向後轉身，左式右式均可。設是左式鑽拳，欲向後轉身，左腳尖先極力向回勾，勾至兩腳成倒八字形。左手同時撤至左小腹前，手心朝下。隨即迅速向右轉身，同時，右腳提起向前墊半步，腳尖外撇。右手亦同時散拳變掌，經右腰間向右再向前上方畫弧，翻至掌心朝上，高與口平，肱屈約130°左右，成圖2-9的姿勢。然後進左步，跟右步，左拳鑽出成圖2-10之姿勢。再依前繼續練去即可。

若欲收式停住，可在打出右式鑽拳後，接著打一個左式劈拳，然後按照劈拳收式的動作收式停住即可。

三、用勁要求

頂頭、豎項，兩肩兩胯抽勁，腰要塌下，提肛縮腎，氣向下沉。拳有向前向上的鑽勁，肘要極力向身體中線裏勁，小臂外旋，小指上翻，發出擰勁，如同用改錐擰螺絲入木一般。另一手則小臂內旋，掌向下翻，有將對方手腕（或小臂）扣住，向下壓、向回帶的勁。肩抽、胯合、腰塌，便做到「束身而進」，身子如同要從狹縫中擠進去一般。故拳經曰：「其形似閃」；又曰：「如水流之曲曲彎彎，無孔不入。」

鑽拳之氣，發於腎。其氣起自湧泉，直上貫脊柱而入於腎臟，再上而經俞府臂內側，貫入中衝，復自中衝冒出來，故其勁剛勁敏速，令人難以捉摸，這就是「似閃」之

意。

練此拳時，務要手法、步法、身法，協調一致，手到腳到，整齊如一。還要膽大、心細、身活，敢於進步上身，敢於近打，遠則無能為也。

四、技擊用法

鑽拳本為肘打，故用力在肘，肘極力向身體中線裏擠，則周身防護嚴密，使對方無隙可乘，我又可束身而進，以螺絲之旋勁，攻擊對方。這就是拳經上所說的：「先打顧法後打人」的意思。

從手法而言，前手為截、蓋、壓，撫於對方小臂（或手腕）上，將對方進攻的手控制住，後手則緊跟著以仰拳向對方之鼻、下頦或前胸上鑽進擊。如能同時用進身過步，往往可將對方打起來、摔出去。若對方體重力大，恐一擊不能勝之，則我可不先用過步，而以前足橫踩他的腳面，同時以拳鑽擊他的下頦。

也可不必進腳插襠，進步小一些，連續進步，步步扁踩，一步一鑽，則對方根基必被搖動，然後奮力一擊而勝之。這就是拳師們常說的：「好漢經不住三鑽拳。」指的是連續三鑽，必可取勝。若與崩拳結合起來，上鑽下崩，一鑽一崩，腳上總是半步或寸步，名曰「連環攢子錘」，則威力更大。

這裡應該指出，用鑽拳進擊時，不論上步大小，也不論是進步、半步或寸步，應要腳踏中門而入，以我之中，擊彼之中。不可走側門，走偏則無用也。

五、祛病養生

練鑽拳以祛病養生時，不練其「似閃」的快速，也不打其「手腳齊到」的整勁，而是要柔順、協調。注意動作與呼吸之配合，體會腰脊間的旋轉和伸縮活動。鑽拳練的是一氣之流行，其氣發於腎，如水之委婉曲折，無微不至。

腎為何處？西醫認為腎是位於腰部的臟器，左右各一。兩腎後面上部與膈肌相貼，下面由內向外依次與腰大肌、腰方肌、腰橫肌相鄰接，它能維持人體內環境的恒定。其健康與否，與其結構和腎血供應有決定性關係。人體血容量的大約20%注入於腎，每天約為1700L左右。如果任何因素改變了腎血管的正常供血機能，都將改變腎臟的功能。

中醫認為腎除了兩個腎臟之外，還包括生殖泌尿系統及前列腺、胰島、腎上腺、女子胞等重要生殖腺和內分泌腺，包括命門在內，為先天之本，生命之源。明代名醫張景岳說：「命門為元氣之根，為水火之宅，五臟之陰氣非此不能滋，五臟之陽氣亦非此不能發。」故腎又被名為「作強之官」。《形意拳要論》中說：「背脊十四骨節皆為腎，此固五臟之位。然五臟之繫，皆繫於背，通於腎髓，故為腎。至於腰則兩腎之本位，而為先天之第一，尤為諸臟之根源。」

練鑽拳時，身體上下相隨，手足相顧，兩手畫圓，兩肘交替向身體中線裹擠，形成了全身以腰為主宰的運動方

式，整個脊柱不停地蠕動，不但頭、頸上下肢肌群參加了
運動，脊柱前後肌群不僅參與脊柱及其相鄰部分的運動，
還要參與維持脊柱的協調和平衡，使上下肢運動時具有穩
定性。

在練鑽拳時，我們可以用手摸到腰脊部筋膜和肌肉有
節奏的運動：脊柱一伸一縮，肌肉一張一弛，內氣一起一
伏，兩脅一開一合，直接按摩和激發了腎臟、腎血管和神
經，改善了脊柱本身和腰部臟器的供血狀況，起到了洗髓
作用，腎臟可得到充分調養而增強其功能，人體廢物也得
到及時排泄，同時還可以增強黃韌帶、棘間韌帶、前後縱
韌帶等脊柱附屬韌帶的牢固性，防止脊柱病的發生。腎氣
充足後，元陰元陽得以互根互濟，腎水上潮以濟心火，腎
精化氣，還精補腦，故鑽拳可以強腎固精也。

第三節　崩　拳

歌　訣

肩鬆肘墜頂頭懸，腰為軸心運丹田，
氣通兩肋肝脾健，力發大敦似湧泉。

一、基本練法

崩拳在技擊上應用最為廣泛，其練法亦多種多樣。現
在只介紹順步、拗步（十字崩拳）和半步三種練法。

1. 順步崩拳

由三體式開始。

兩手握拳，小臂外旋，翻至拳心朝上。左腳向前墊半步，腳尖外撇，右腳向後蹬勁。左拳向前頂勁，眼看左拳。同時吸氣一口（圖2-11）。

隨即右腳向前蹬一大步，左腳跟進半步。同時，

圖2-11

右拳向前平直打出，高與心口平，虎口朝上，同時呼氣；左拳亦同時拉回至左肋下，拳心朝上。眼看右拳，呼氣盡而式成（圖2-12）。

此為崩拳之右式。再墊右足，頂右拳，打左拳，進左步，打出崩拳左式，動作與打右式相同，唯左右相反。

2. 拗步崩拳

由三體式開始。

兩手握拳，左手拳眼朝上，右手拳眼朝右。右腳稍向左腳移步，踏實。眼看左拳（圖2-13）。

吸氣一口，左腳隨即向左前方蹬一大步。右拳同時平直打出，與左腳上下相顧；左拳抽回置左肋下，右腳稍稍跟步。眼看右拳，呼氣盡而式成（圖2-14）。

右腳再經左腳踝處，向右前方進步。同時，左拳平直打出，與右腳上下相顧。右拳抽回置右肋下，左腳稍稍跟步。眼看左拳（圖2-15）。

如此一左一右，一步一拳，輪換練習。

3. 半步崩拳

由三體式開始。

兩手握拳，左拳前伸，拳心朝右，右拳置右肋下，拳心朝上。同時，右腳進至左腳右後方，踏實（圖2－16）。

圖2－12

圖2－13

圖2－14

圖2－15

右拳扭至拳心朝左，向前平
直打出，高與心口平；左拳
收回置於左肋下，拳心朝
上。與右拳擊出的同時，左
腳向前蹚出一步，腳尖朝正
前方；右腳跟進，落於左腳
後方約一分米（二三寸）
處，踏實。眼看右拳，呼氣
盡而式成（圖2－17）。

圖2－16

　再進步仍蹚出左腳，右
腳跟步。左拳平直擊出，右拳收回置右肋下（圖2－18）。

　如此，左右兩拳輪番出擊，一步一拳，勢如連珠。唯
進步總是先進左腳，右腳跟步，左腳始終在前，右腳始終
在後，行如槐蟲，故有「半步拳」之稱。

圖2－17

圖2－18

二、回身動作

順步崩拳的回身動作，和劈拳的回身動作完全相同，收式方法也和劈拳收式一樣。

拗步崩拳回身，左右均可。設打出左式拗步崩拳，此時左拳、右腳在前。稍停，兩手不動，右腳尖向裡扣，重心移到右腳，身向左轉，左腳抬起稍稍離開地面，隨轉身之勢，腳尖極力外擺，落於左後方，繼續向左轉身；同時右腳內扣落至左腳旁邊，左腳隨提起，靠於右腳內踝處，兩腿靠緊，停住。眼看前方（圖2－19、圖2－20、圖2－21）。

然後進左腳，打右拳；進右腳，打左拳，一如圖2－14、圖2－15所示，繼續演練。

收式時，可於轉身打出右拳後，散掌向回捋至腹前，不停，隨即經胸前向前上方鑽出。同時，進右腳，如同打

圖2－19

圖2－20

圖2-21　　　　　　　　　圖2-22

劈拳時的「起鑽」一般，再進左腳。左手經胸前向前劈
出，右手撤回，置右小腹下，兩手掌心均朝下，成左式劈
拳。再仿劈拳做收式動作。

半步崩拳回身時，用「狸貓倒上樹」的動作。其練法
是：打出左（或右）拳後，左腳尖極力向回扣。同時，將
左拳收回到小腹處，拳心向下，身向右轉。右拳自臍口往
前上方鑽出。右腿與右手同時起至右膝與右肘相距約6公
分（二寸許），腳尖極力朝外扭、朝上仰，與右拳上下相
顧。稍停，右腳向前踏下，落下時腳尖外撒，與左足尖成
90°之勢。與右腳落地之同時，左手劈拳向前劈出，右手
拉回至右小腹旁。兩腿則相交成剪子股式，如同拗步劈拳
（圖2-22、圖2-23、圖2-24）。

收式時，先打出右拳（左足在前），稍停。即先向回
撤右足，再往後撤左足，兩腿仍如剪子股式。同時，左拳
平直向前打出，右拳拉回至右肋下停住（圖2-25）。左膝

圖2－23

圖2－24

要緊靠右腿裡屈彎內，不可
有縫，緊緊攆住，兩胯兩肩
抽勁，頂頭，提肛，眼看前
手，沉沉穩住。此式叫做
「青龍出水」。

圖2－25

三、用勁要求

　　崩拳之特點是向前直
打，左右輪換，勢如連珠，
所以出拳要快、要直、要
猛。又要求拳之出入、步之進退起落、氣之呼吸開合，處
處整齊協調，周身完整一家。頭要頂，項要直，腰要塌住
勁，胯要合住勁。兩手出入，肘要下垂，肩要下沉、前
鬆，握拳要緊，梢節緊而根節鬆。兩肘不離肋，兩拳不離

心。

　　進步時，後腳要用力蹬勁，其勁起於腳前掌內半個腳；前腳要向前趟，步度要大，抬腳不要高，腳掌離地約1.6公分（半寸許）即可，腳掌要與地面平行。落腳時，腳跟先著地，然後全腳著地。後腳跟步時，不可在地上拖，要提起來，跟到距前腳約1.5分米（四五寸）處，落地踏實。

　　打「半步崩拳」的右拳時，右肩右胯要向前順，左胯宜略向後收，身體斜向左前方；打左拳時，身體半向右斜，但左肩不可太向前伸，兩胯均應略向後縮勁。出拳出腳務必協調一致，拳到腳落。以「狸貓倒上樹」回身時，拳之回收，左腳之向回扣，向右後轉身，是一連貫的動作，中間不可停頓。右拳之上鑽與右腿之提膝，也是同時動作，一動俱動。右腳落地要極力向前橫著踩出，兩腿要夾緊，左手劈出與右腳落地要同時，整齊合一。

　　崩拳打出去是平直勁，所以說「崩拳似箭」，又說「如火器擊物，扳機一動，其物必落」。這都是形容其勁甚直，甚速。

　　然而在此平直的勁道中，暗含著斜向上和斜向下的兩種勁。向前的平直勁由後腳用力蹬、前腳直著趟和扭腰、順胯、向前鬆肩而得；斜向下的勁，是由墜肘、沉肩、拳面微向下壓而前傾等動作的配合而得來；斜向上的勁，亦即拱挑之勁，是由腰配合蹬腿前拱而得來。

　　有此三種勁，在具體運用時，才能以我之前臂壓、銼對方之前臂而進，沉實剛健，可將對方拱起來，扔出去。

老譜云：「氣連心意隨時用，打破身式無遮攔」，指的就是這個。打中有破，打即是破，並非先破後打也。故云打破，而不說破打。

四、技擊應用

崩拳之應用最廣，變化亦最多。前輩形意拳家，因一生善用崩拳而名噪武林者，頗不乏人。各人有各人的體會，各人有各人的打法，而千變萬化，不離一崩。在這裡只能介紹幾種最基本的用法。

圖2－26

1. 我先進招時

（1）左足寸步，右拳平直打出（圖2－26）。後腳用力蹬，左腳進一大步。同時，左拳平直打出（圖2－27）。遇手打手，遇臂打臂，無手打胸。左足不動，右足進至左足內側，震腳。同時，右拳平直打出（圖2－28）。左足再進一大步。左拳平直打出，成順步崩拳之勢（同圖2－27）。

圖2－27

（2）左足進寸步，左拳平直打出（同圖2－27）。左足再進一大步，左拳上挑置於左額旁，右拳平直打出。右足跟至左腳後約1.6分米（**五寸許**）之處，落地、踏實（圖2－29）。雙腳不動，左臂向內裏橫，右拳收至右肋邊（圖2－30）左腳再進步，右腳跟步，如練崩拳。右拳同

圖2－28　　　　　　　圖2－29

圖2－30　　　　　　　圖2－31

時平直打出，左拳下扣置臍下（圖2－31）。

（3）步不動，右拳上鑽以擊對方之面（圖2－32）。左足即進步，右足跟步。同時，右拳下扣置臍下，左拳連擰帶鑽向斜上方打出（圖2－33）。上體微後坐，右拳平直打出，左拳收回置於左肋下（同圖2－26）。上式不停，左足進步，右足跟步。左拳平直打出，右拳收回置右肋下（同圖2－27）。三拳要連發，一氣呵成，不容對方還擊。此名謂「迎門三不過」。

圖2－32　　　　　　　圖2－33

2. 對方先進招時

（1）**對方以右拳擊我胸**

①直接以崩拳還擊。左足寸步，左拳以去如銼之勁自對方右小臂上平直打出（圖2－34），肘要有墜勁。

②右手扣對方右腕，左臂掩肘截對方右臂（圖2－35）。左足急進步，右拳平直打出（圖2－36）。左足再進

步，右足跟步，左拳
平直打出（同圖2－
27）。

　　③右拳接對方右
腕，向下壓，向回
領；左拳同時自對方
右臂上打胸（圖2－
37），左小臂要有銼
勁，左肘要有垂勁。
隨即左足寸步，右足

圖2－34

跟步。左手下扣拉回，右拳平直打出（同圖2－36）。此時
對方將以左拳向我右肩或右頰打擊，我即速將右拳上挑，
以左拳平直或向斜上方打出（圖2－38）。此之謂「連環崩
拳」。

圖2－35

圖2－36

圖2-37

圖2-38

（2）**對方以右拳擊我面部**

①步不動，左手挑（圖2-39），右手接挑（圖2-40）；左手再挑，進左步，右拳平直打出（圖2-41）。此為八字功中的「挑」字功。右手向上撐翻，左拳平直打出（同圖2-38）。這三挑要連續而快速，方能奏功。

②鑽右拳拗步接手（同圖2-32），撐腰轉身，左胯打（圖2-42），左腳尖外擺，左拳向上向外翻轉（圖2-43）。右腳進至左腳內側，震腳，右拳水平擊出（同圖2-28）。再進左腳，

圖2-39

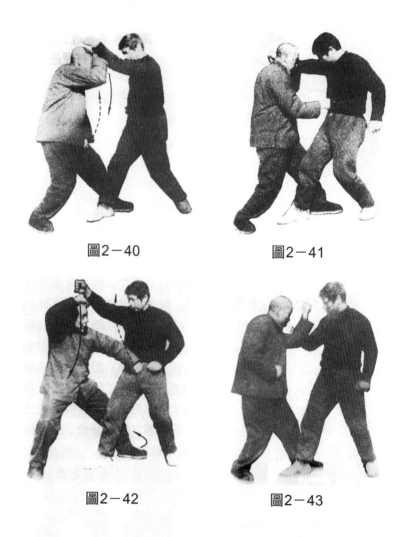

圖2-40

圖2-41

圖2-42

圖2-43

右腳跟步。左拳平直打出，右拳抽回收至右肋下（同圖2-27）。

　　總之，崩拳之用於技擊，其勢雖簡，而通、透、穿、貼、鬆、悍、合、堅八勁兒俱全，與對方接手後，或硬

打硬進，或隨而後進，或銼壓，或鑽挑，或纏繞，或裹撥……全視雙方打鬥形勢而定，不拘一格。但總的精神仍是一快、二直、三猛，包裹不露，腳踏中門，束身而進，方為得體。

五、袪病養生

打崩拳作為袪病之手段，或作為老年人及體弱者養生之用時，無論採取哪種練法，都要慢，不要快；要柔，不要剛；要求呼吸與拳之出入協調、順遂，不要求打「手腳齊到」的整勁。

崩拳之氣，發於肝臟，兩手出入，勢如連珠，打的是一氣之伸縮。換式進步時，前腳蹬，後腳蹬，大拇趾特別用力。蓋大腳趾內側為脾經的起點隱白穴，其外側為肝經的起點大敦穴。故每換一步，必能從此二穴勾起脾經、肝經之脈氣，沿腿內側而上，達於本臟，起到「肝脾之氣宜升」的作用。兩臂之出入以肘摩肋，不斷地撫摩期門、章門二穴。章門為肝經之要穴，脾經之募穴，為八會穴之一；期門為肝經之募穴，大敦為肝經之井穴，故而此拳可以舒肝。

運動中，腰有轉動，脅有開合，肝氣得以疏泄，脾氣得以運化。肝為人體重要內臟之一，具有特殊的代謝功能，例如對糖原的貯存與分解，尿素的合成、解毒、防禦等機能。肝氣舒則心血足，筋膜健；脾氣升則肌肉豐滿。頂頭、豎項、瞪眼，使肝經脈氣由共支脈上升而出於目。《內經·素問》云：「目得血而能視。」故崩拳又有明目

的作用。

此拳在臨床上多用於治療慢性肝炎之病情穩定、肝功正常而自覺症狀不甚明顯者（急性肝炎、慢性活動性肝炎不適用）。對多種眼病治療效果均較好。

第四節　炮　拳

歌　訣

兩手裏翻發從心，肝本相助火力純，

斜行直走隨意變，周天運轉消息真。

一、基本練法

1. 拗步練法

為最常見的練法。從三體式起始，右手向前伸與左手齊，隨即雙手握拳捋帶而回，左手置臍間，右拳置右肋下，兩手均為拳心朝上。同時，急進一個疾步（又曰踐步，即前腳墊一寸步，後腳急進超過前腳，落定踏實，前腳迅速提起，靠在後腳脛骨內側，高與踝平），立定。眼向左看（圖2-44）。

吸氣一口，隨吸氣之勢，左拳經右胸前自右腮邊向上鑽挑，連摚帶翻，置於額前上方約寸許，上膊作半圓形，拳心朝左上方；右拳從左肘側向前平直打出，如同打拗步崩拳，高與心口平，拳心朝左。左腳同時朝左前方進一大步，與右拳上下相應，呼氣一口；右腳跟至左腳後約一腳

圖2－44 圖2－45

半之遠，停住踏實。擰腰、順胯，眼看右拳（圖2－45）。
此為炮拳之左式。

【注　意】

左拳之向上擰翻、左拳之平直擊出、左腳之進步與呼
氣是同時的，必須完整一氣。

2. 順步炮拳

仍從三體式開始。兩手握拳置於臍旁，拳心均朝上。
左腳收回，置於右腳內側，腳尖點地，成左虛右實之步
法。眼看前方（圖2－46）。

吸氣一口，隨即左腳向前進一大步。右拳自胸前向上
鑽翻，置於額前上方，拳心朝上；左拳同時提到肋下，向
前平直打出，如同打順步崩拳一般。眼看左拳，同時呼氣
（圖2－47）。

再吸氣時，右手向前伸至左手處，兩手散成掌，掌心

圖2－46　　　　　　　　　圖2－47

朝上，一齊向回捋至小腹前，並翻至拳心朝上。同時，右
腳進至左腳內側，腳尖點地，成左實右虛之勢。眼看前
方。再呼氣時，左拳向上鑽翻，右拳平直打出，右腳進一
大步，眼看右拳。如此左右輪換練習。

二、回身動作

　　順步炮拳回身時，與劈拳的回身動作相同。拗步炮拳
回身時，設打的是右式，即右腳、左拳在前。先將兩拳一
齊收回，置於臍兩側，拳心朝上；隨即向左轉身，同時右
腳尖極力向回扣，左腳尖向左後方外撒，右腳再上至左腳
右側，踏實，左腳提起靠緊右腳內踝側，成左虛右實之
步，此時身體已向左轉過了180°。然後左拳向上鑽翻，右
拳平直打出，進左腳與右拳上下相顧，乃成右式炮拳。

　　欲收式時，可在回身打出右式炮拳後，將兩拳一齊收

回，置於小腹側。同時，右腳上至左腳內側，腳尖點地成虛步，隨即右腳進步，落地時腳尖外撇。同時，右拳經胸前自頦下前上方鑽出，再進左腳；同時，左手經右臂脈窩向前劈出，成左式劈拳（三體式），然後做劈拳收式動作。

三、用勁要求

頭頂如泰山壓頂，項豎如餓虎爭食，舌抵如舔物，齒叩如咬肉斬筋。周身毛孔要緊，如捲花爆一般。兩肩鬆開，向回抽勁，外鬆而內實緊，手足之起鑽、落翻、進步、擰腰，要整齊一致，如放炮一般，一瞬間四面一齊炸開，迅猛異常。

起式時，左腳向前墊步與雙手之前伸要同時，走踐步右腳落地，左腳抬起，與雙手之回捋、握拳也要同時。做得整齊一致則可自雙足叫起內氣，聚於丹田。

打右式炮拳時，左拳之上起要隨著身體之轉動，自胸前向上裹、鑽、擰、翻，有內裹之力和上鑽之力，又有外開與向上擰翻之力，切不可橫臂直接向上架。如此才能引動真氣並衝脈而上行貫於雙目，從腋下出於中衝，其勢向上，力不能擋。

右拳之向前平直打出，與左足之進步落地要整齊一致，手腳齊到，腳落、拳到、勁出，如炮炸開，天崩地裂，是以有發必中，所向披靡也。

此拳強調以腰發力，要用後腿之蹬助腰之擰勁，以腰之擰勁（順胯）催肩向前，以肩催肘，以肘催手。是以其勁甚整，威不可擋也。

四、技擊應用

若對方先發而進攻，我後發而接手應戰，則不論對方用的是直拳、擺拳或勾拳，我均可以前手接手裹鑽擰翻而上舉，同時以後手平直打出而進擊。上舉之手是護己，是顧法，也是打法。向上鑽翻可以將對方之勁化開，而擰翻外開，則寓打於其中。

我前手若是從對方來臂之外側接手，則擰翻外開之同時再佐以前腳，往往可使對方底盤被拔起而搖晃後退。我後手平直出擊，是打法，而顧法亦寓其中。若出手無阻擋，直搗中堂，自然是打；若遇對方阻攔，則我以小臂尺骨壓銼於對方前臂之上，向前照打不誤，此即是打、顧兼備矣。要之以能蹬腿、擰腰、順胯、鬆肩，以氣催力，並敢於自中門鑽進去近打，方為得體也。

若對方未發手，而是我先發手以進攻時，可以前手先用鑽拳進擊對方面部，亦實亦虛。

若遇對方撥攔，我則速將進擊之手擰翻上舉，同時以後手平直擊胸，如拗步崩拳然。

若對方避開我之一擊而從我外側又攻上來，則我打崩拳之手急擰翻上舉，以另一手又平直打出，成順勢炮拳。如此可輪換進擊，謂之連環炮拳。

若將炮拳與劈、崩、鑽三拳混合使用，則更可生出無窮變化來。《易》曰：「神而明之，存乎其人。」運用之妙，全在個人體會，不能一一詳舉。

五、祛病養生

練炮拳以祛病時，不發剛猛的爆發力，不要求出拳時手腳齊到的整勁，只要求手腳的起落出入與腰胯肩肘運動的協調，及內氣升降開合的和順。外邊動作形式之順遂，代表著內中氣血之和；外面神氣之正，表示內中意、氣之中。外不乖於形式，內不悖於神氣，內外合順自然，才能祛病健身。

為了經絡暢通，握拳不必用力，可握虛拳或散拳成掌亦可，但神氣仍須貫注，動作也要規矩。

炮拳之氣，發於心臟，練的是一氣之開合，用的是血梢之力，可以養心。就中醫理論而言，一拳向上擰翻，發動心經之脈氣，自極泉、少海、神門、少府，而直達小指橈側的少衝穴，同時也調動了心包經的脈氣，自乳頭外的天池穴沿臂內側正中，經過曲澤、內關、勞宮諸穴，而直達中衝。

另一拳摩肘而出，發動肝木之氣以助心火之威。兩拳起時為呼，落時為吸；起時血管擴張，落時血管收縮；呼時經絡之氣自胸而至手，吸時脈氣復自手而回。兩脈暢通，則心血和順，心氣和順則能養血，諸血皆屬於心，故練此拳後，脈搏和緩有力，面色紅潤。

就西醫理論而言，心是包括心血管系統和腦神經系統而言的，心臟的功能，如同一個唧筒，由心肌節律性收縮與舒張，從靜脈抽吸血液並把它射向動脈。心臟本身所需的各種營養和氧氣，則全部要向冠狀動脈去攝取，故當心

臟負擔加重時，冠狀動脈就要透過增加血流量來增加供氧量。當心肌狀態和大動脈壓力保持恒定時，如果靜脈回心血量增加，則心室收縮前壓力將增大，心室的收縮力也增強。

根據以上特點，如使用炮拳做緩慢、柔和而有節奏的開合運動，可使回心血量較平時增多，心室收縮力增大，送入肺循環和體循環的血液均增多，此即炮拳養心的道理。

不過，應當注意，「過猶不及」，當心臟收縮前回心血量超過一定限度時，反而會導致心臟收縮力減小。所以，使用炮拳治療心臟病時，必須很好地掌握運動量，使之適度。動作要緩和，並與呼吸協調，這一點十分重要。

運動量要小，要勤休息。對冠心病患者，以不引起心絞痛，不感疲勞為宜；對高血壓、高血壓心臟病和伴有冠心病的患者，應先做靜功，再配以炮拳；對風濕性心臟病患者，若病變無活動性，全身和心臟功能代償較好者，應糾正傳統的、消極靜養的方法，而改用炮拳治療，並逐漸增加運動量。

總之，對各種心臟病患者，堅持炮拳鍛鍊，可使心率減慢，回心血流量增加，舒張期延長，心搏出量增多，同時可使心肌毛細血管相應擴張，心肌可獲得更多的血和氧氣供應，從而改善其新陳代謝，增加心臟儲備力，而且有助於改善和提高全身健康狀況。

第五節 橫 拳

歌 訣

斜身拗步起勢橫，戊己二土居中宮，

陰陽消長合太極，龍虎相交大道成。

一、基本練法

由三體式起始。右手握拳，置於臍右側，拳心朝下；左掌往左、往後、往回，經左胯旁握拳向前上方鑽出，拳心朝上，高與肩平，肱屈約130°～150°，肘尖下垂。同時，右腳進至左腳內側，踏實，身體微屈膝下蹲。眼看左拳，吸氣一口（圖2-48）。

呼氣時，右拳順著左胳膊下邊，連擰帶翻向前方橫出，翻至拳心朝上，高與肩平，肱微屈，肘下垂。與出右拳的同時，左腳向左前方進一步。左拳則由右胳膊上邊滾翻拉回，停於臍下，拳心朝下。眼看右拳，呼氣盡而式成（圖2-49）。

其他擰腰、順胯、鬆肩等要求，與打拗步炮拳的要求相同。

此為右式橫拳。再進而打左式時，先要左腳尖微向裡扣。吸氣時，右拳變掌，向右、後、下方畫弧，再經右胯旁握拳向前上鑽出，拳心朝上，高與肩平。

同時，右腳進至左腳內踝側，腳尖點地成虛步。眼看

右拳（圖2-50、圖2-51）。

圖2-48

圖2-49

圖2-50

圖2-51

呼氣時，橫左拳，收右拳，進右腳，一切動作與要求，與打右式橫拳時完全相同，唯左右相反（圖2－52）。

二、回身動作

欲回身時，左右均可。設打出左式後欲回身，兩手保持不動，步法

圖2－52

按照拗步炮拳的回身步法，待轉過180°後，成為左虛右實之步。此時，即可上左步，右拳橫出，左拳收回至臍下，又成為右式橫拳。若欲收式停住，可以按照拗步炮拳的收式動作進行。

三、用勁要求

橫拳之妙，在於拗步斜身，以橫破直。要求起橫不見橫，不能用胳膊橫撥。以打右式橫拳為例：右拳向前伸出時，要連翻帶擰，拳心向上向外翻，從左肘下向前直鑽，如同改錐擰螺絲一般，旋轉前進，其力向前錐，暗著有橫勁，其力點在小臂前部；左臂要向內、向下扣勁。兩臂如同扭繩索一樣，內實外圓，渾然一體，沒有一絲鬆懈之處。頂頭，豎項，沉肩，順肩，擰腰，合胯，扣膝，咽喉微有向前之意。

上步時，前腳微微墊步，腳尖不可外撇，後腳進步要

大，必須經過前腳（左）內踝，兩脛相摩，側走一弧形路
線。進步時上體保持平穩，不可有起伏。發勁時，腳有後
蹬之力，腰有前挺之力，臂有內裹、外橫、前鑽之力，
三力融為一體的勁路，就是拳譜上說的：「其形似彈」和
「起橫不見橫」。

四、技擊應用

　　橫拳之為用，最為廣泛，交手時，只要與對方一接
手，便是橫勁兒，所以形意拳譜有「出手橫拳……橫拳屬
土，土生萬物」之說。在形意拳《內功經》上也說：「曰
橫勁、曰豎勁，變之分明。橫以濟豎，豎以橫用。」這就
說明了在交手中橫拳是和其他幾拳互為補充而用於克敵制
勝的。橫拳除去可用以對敵橫擊之外，凡是接手後欲引化
對方來力使之改變方向，或發「四兩撥千斤」之妙，以小
力勝大力者，都離不開使用橫勁。

　　凡是欲打開對方門戶，腳踏中門，束身而進，將對方
擊出者，在直勁之中也都暗含著橫勁。形意拳前輩們常
說：「引化時，我身如球，使對方無著力之處；進攻時我
勁如螺絲，旋而打出，使對方難以撥轉，則可一擊而成功
也。」這兩句話，恰如其分地總結了對「橫」勁使用之
妙。可舉兩個簡單的例子：

　　其一，對方以崩拳進擊我前胸時，我可用右手從內側
扣他的右腕，左臂向外側橫裹其大臂（同圖2-35），用
橫勁將對方鎖住，然後兩臂一齊向前一送；同時，左腳進
步，即可將對方打出。

其二，如我以左手順步向對方進擊而被對方封住時，我左手可向下翻扣他的手腕並向回捋帶；同時，左腳寸步，擰腰、合胯、順肩；以右手自左臂下用橫拳向對方前胸或下頦部擰鑽進擊（亦可從左肘彎處鑽上去進擊）。其他還有多種用法，不詳述。

五、祛病養生

本拳法拗步斜身，其形似彈，打的是一氣之團聚。其氣發於脾臟，練時總要性實、氣和、形圓、勁順，方為得體。所謂脾，指的是消化系統。它有運化水穀之功能。即是攝取、消化和吸收營養物質的器官，又是防禦外來刺激侵害的重要屏障，對防止疾病的發生起重要作用，中醫稱謂「後天之本」。

本拳法的動作對胃腸起到緩和的撫摩作用，可幫助其消化、吸收、流通、排泄。蹬後腳時，拇趾叩地，帶起脾經之脈氣上升，使三焦之氣通暢（兩手和臂的背部是大腸經、小腸經和三焦經分佈區域），中土運化水穀之機乃得健旺。對脾腎陽虛、慢性胃炎、潰瘍性結腸炎等都有比較明顯的療效。初練者往往感到腸鳴轆轆，此乃腸氣通暢的徵兆；久練者食慾增進，體重增加，乃是脾主肌肉的具體表現。

以上對五拳在基本練法、用勁要求、技擊應用與祛病養生等四個方面，作了一個概括的介紹，個中細節，仍有可意會不可言傳之妙處。

五拳之練法各有特點，在技擊與健身上亦各有側重，

但總的來說，是以意為主，以氣為用，以丹田為根本。丹田足，則腎氣健、精神旺；心氣足，則腦力堅、精神敏；肺臟足則氣必充；肝氣足則力必猛；脾臟充盈則體魄必強健。所以練好此五拳，可以內養五臟，補腦力，保丹田；外強筋骨，捷身手，充耳目，奧妙無窮，裨益匪淺也。前輩有歌曰：

心動如火焰，四梢逞威風。

肝動如放箭，脾動主力攻。

腎動似閃電，肺動陣雷聲。

五行合一處，放膽即成功。

第三章

五行拳與《河圖》、《洛書》

第一節　問題的提出

五行拳又叫形意母拳，號稱形意拳之五綱，蓋因形意拳之養氣、健身、延年益壽的功能，技擊、格鬥、克敵制勝的作用，以及拳路中的五行生剋、十二大行、八字功法等等諸般內容，莫不是由此「五綱」而生。形意拳《拳經》曰：

拳法遺來本五行，生剋裡邊變化精，學者要知其中意，只在眼前一寸中。

震龍兌虎各西東，朱雀玄武南北分，戊己二土中宮位，意為媒引相配成。眼耳口鼻外五行，手足四梢並頂心，久煉內外成一氣，霹雷電雨起暴風。

在談到五行拳與人體五臟的關係時，說道：

肝動如箭鑽，脾動主力攻，心動似火焰，四梢逞威風，腎動似電閃，肺動陣雷聲，五行合一處，放膽即成功。

《岳武穆形意拳要論》中論述五行拳與人體五臟時說道：

……今夫捶以言勢，勢以言氣。人得五臟以成形，即由五臟而生氣。五臟實為生性之源，生氣之本，而名為心肝脾肺腎是也。心為火，而有炎上之象；肺為金，而有從革之能；腎為水，而有潤下之功。此乃五臟之義，而必準之於氣者，以其各有所配合焉。

武林前輩劉文華先生談形意拳「五綱」時說道：

劈拳者，一氣之起落也，其形似斧，故屬金而能養肺。鑽拳者，一氣之流行也，其形似閃，故屬水而能補腎。崩拳者，一氣之伸縮也，其形似箭，故屬木而能舒肝。炮拳者，一氣之開合也，其形似炮，故屬火而能養心。橫拳者，一氣之團聚也，其形似彈，故屬土而能養脾和胃。

其他闡述五行拳與人體五臟生剋關係的記載，比比皆是，這裡不一一列舉。一言以蔽之，五行拳之特點，在於五行合五臟，五臟配五拳，內外呼應，息息相通，內練氣，外練形，構成了人體生命運動中內臟之間相互滋生、相互制約的協調變化；構成了攻防動作上的相互對立、相互依存、相互消長、相互轉化的辯證關係，因而才突出地體現出它在養生上的祛病延年之功和技擊上的剋敵制勝之能。

陰陽學說與五行生剋，是中國古典哲學中宇宙整體觀和中國傳統醫學中人體整體觀的體現，它來源於對客觀世界的長期和深刻的研究，《周易·繫辭傳》中說：

昔包犧氏之王天下也，仰觀象於天，俯視法於地。觀鳥獸之紋，察世事之變，遠取諸物，近取諸身，作八卦之

圖以類萬物之情。

　　河出圖，洛出書，聖人則之。

　　據考證，《河圖》出現於西元前5000年左右，《洛書》出現在西元前2100年左右，《河圖》、《洛書》是目前所發現的最早表現「陰陽五行」規律的圖書，是古人在對客觀物質世界進行深入觀察和瞭解的基礎上，對客觀物質世界的概括。因此，它對五行拳的基本拳理和技術分析，必然起到一定的指導意義和促進作用。

第二節　《河圖》、《洛書》簡介

一、河　圖

　　伏羲時，有龍馬出孟河，其背有點，如圖3－1之象，二七在前，像南方丙丁火；一六在後，像北方壬癸水；三八在左，像東方甲乙木；四九在右，像西方庚辛金；五十在中，像中央戊己土；最中央之點，像太極含一氣。因五行各有陰、陽，故此《河圖》可看做是「先天陽

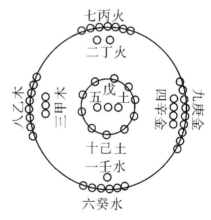

圖3－1　河　圖

五行」（圖3-2）與「後天陰五行」（圖3-3）二者相合而成的順時針右轉，即是五行相生的方向。

後天陰五行與先天陽五行相合，即成《河圖》之象，其中暗寓天地萬物「生」與「成」的哲理。《周易·繫辭上傳》第九章說：

天一地二，天三地四，天五地六，天七地八，天九地十。天數五，地數五，五位相得而各有合。

強調指出一三五七九為陽，二四六八十為陰，天生之，地成之，天地萬物都是在「陰」、「陽」兩種屬性的矛盾運動中，交感變化而生，在「五行」五種屬性的相生相剋中而成。捨此而更無其他也。

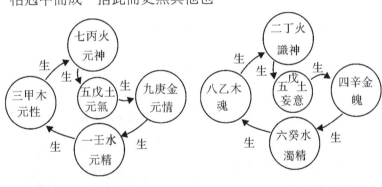

圖3-2　先天陽五行　　　圖3-3　後天陰五行

二、洛　書

禹治水時，有「神龜」出洛河，其背有紋，如圖3-4之狀。九紋近頭，一紋近尾，三紋近左脅，七紋近右脅，

四紋近左肩，二紋近右肩，六紋近右足，八紋近左足，五紋在背中。

　　將《洛書》之圖簡化成方塊圖，則成圖3－5之形逆時針轉，乃是相剋之順序。五行中任一要素，即是剋它之源，又是被剋之物。每一要素都有「陰」、「陽」兩個屬性。於是

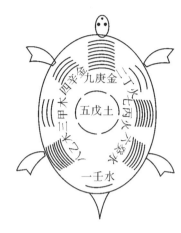

圖3－4　洛　書

在相剋中，便產生了陰陽相錯的相剋形式。設以「○」表示陽，以「●」表示陰，則有如圖3－6的相剋狀態。相剋關係不是在一個固定的平面上循環，而循環一周後便進入另一層次，上升到更高一層，呈螺旋上升的狀態。可見《洛書》所包含的是事物間「相輔相成」和「互相制約」

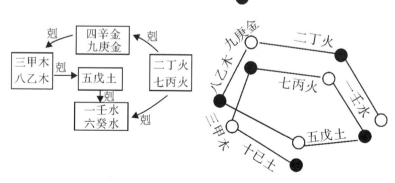

圖3－5　洛書簡化圖　　　圖3－5　洛書五行相

的關係，是客觀世界中一切事物的發展變化規律。

第三節　《河圖》、《洛書》與五行拳

前輩形意拳名家郭雲深老先生云：「吾拳之道，旨在練之以改變人之精神氣質。」其意即練五行拳之目的，在於祛病、健身、延年和養生，不徒做打、鬥技藝之末也。欲養生長壽，必先祛病健身；欲祛病健身，必先會調理陰陽；欲能調理陰陽，必先涵養道德；欲要涵養道德，必先返乎信，然後才能返本還元。什麼叫「信」？老子在《道德經》中說得明明白白：

「恍兮惚兮，其中有物，杳兮冥兮，其中有精，其精甚真，其中有信。」

信就是人的本性，又叫天地之心，儒家叫做「中」，道家叫做「一氣」，也就是渾然一體的「太極之氣」。有此心則可出死入生；失此心則將出生入死。透過《河圖》、《洛書》陰陽五行相生相剋之理，可以指導我們善養臟腑之氣，以保持健強的體魄。

人秉天地陰陽五行之氣而生，故身中自有此陰陽五行之氣。生身之初，體內具有精氣神性情五種氣質，純屬先天。一為元精，在五行屬壬水，在五臟為腎；三為元性，在五行屬甲木，在五臟為肝；五為元氣，在五行屬戊土，在五臟為脾；七為元神，在五行屬丙火，在五臟為心；九為元情，在五行屬庚金，在五臟為肺。元精、元性、

元氣、元神、元情，叫做「五元」。五元的外在表現叫做五德，即仁、義、禮、智、信。仁乃柔慈之謂，與元性相應；義乃剛烈之意，與元神相應；禮乃圓通之意，與元情相應；智乃純粹之意，與元精相應；信乃純一之體，與元氣相應。所以「五元」乃是五行之氣，而「五德」可稱五行之性。

　　人在生身之先，混混沌沌，五氣集於一處，稱作太極一氣。此五氣、五性，即寓於太極一氣之中。生身之後，嬰兒孩提之時，雖係後天用事，間有喜怒哀樂之跡，但皆出於無心，猶能渾然一氣，無有損傷，尚能保持其太極一氣流行之象。待至二八之年，則先天氣足，陽極而陰生，識神用事，人欲大起，五元五德，漸次剝削。元神變為識神，屬二丁火；元情變為鬼魄，屬四辛金；元精變為濁精，屬六癸水；元性變為遊魂，屬八乙木；元氣變為妄意，即外欲，屬十己土。識神、鬼魄、濁精、遊魂、妄意，叫做「五物」，由五物而產生了喜、怒、哀、樂、欲，謂之五賊。五賊相戕則意亂心迷，精神體魄便日漸衰退，日復一日，趨於死亡。

　　五行拳之道，在於練之以改變人之精神氣質，外練形體，內練臟腑，調氣血，萃精神，使弱者變強，其中最根本的原則還是克制外慾，消滅「五賊」，還元返本，歸根覆命，這也就是武林中代代相傳的「未練拳，先練德」的真正涵義。用古人的話來說，叫做「借後天，養先天，以先天，化後天」。內修性，外修命，必先盡性，而後才能立命。

返還之道，即是按照《洛書》五行錯綜之理，以陽剋陰，返陰還陽。返還之法，先從中央戊土開始，始於土而終於土，從中始，從中終，所以練拳首先要克制外慾，修養此天地之心，培育內中純一的無氣之氣，誠一不二，則元氣端而生信。所以，五行拳拳經云：「出手橫拳」，此乃指有意無形的先天之橫，乃是調脾之功。

練時心中空空洞洞，萬慮俱息，元氣足，氣可化精；腎精足，化為不精之精，謂之元精；元精見端而生智，這便是戊土剋癸水，於是陰水返陽。若智不妄用，無貪無求，心平氣和，但求其拳中之「真」，樂其拳中之「真」，則元神見端而生禮。智中出禮在《洛書》，即為壬水剋丁火，而陰火返陽。火在五臟為心，在五拳為炮，練的是一氣之開合，此拳雖發爆炸之力，但仍要和而不怒，燥氣悉化，方為至善。

蓋在中醫理論中，心之涵義不只是心臟，並包括了思維器官在內，《內經》云：「心者，君主之官，神明出焉。」君明則十二官皆安，元神見端，禮中出義，在洛書即為丙火剋辛金，使陰金返陽。

義乃元情之見端，心平氣和，人我兩忘，喜而不留，情不為動，由肺氣和，而劈拳順。若義不過偏，通權達變，則義中生仁，在《洛書》是謂庚金剋乙木，陰木返陽，肝氣得舒，所以崩拳屬木似箭，雖猛烈而勁要舒展，氣要通達，木形有曲直，而氣要直養。體現出義中出仁，但仁不過懦，一往直前，誠一不二，無惡無欲，又返乎信。是謂甲木剋己土，土復返於陽，又歸於中，止於其所

止，不動不搖，此之謂「真土出現」，五氣朝元。拳經中說，橫拳練的是一氣之團聚，即是此意。五行歸於一氣，一氣居於正位，亦即其氣歸於神龜中心一紋處，在此立定腳跟，漸漸便得到煉氣化神，煉神還虛之妙。

從現代科學的角度來看，要祛病延年，必須瞭解人的心身之間的相互作用規律，使人體調節系統有效地工作，使人體經常處於生命穩態。要想使人體經常處於生命穩態，就需要人體控制中心（大腦）和調節機構（經絡）產生大量的良性資訊，同時經絡通道在單位時間內能夠通過足夠的信息量。《洛書》中以陽剋陰，返陰還陽之道，也正是對人體生命穩態控制中心（大腦）的鍛鍊，使其能夠產生足夠多的良性資訊，以克服外來的惡性資訊。

五行拳的動作，可視為一種導引之功，疏通經絡，以擴大資訊通道。

孔夫子說過：

天命之謂性，率性之謂道，道也者不可須臾離也。

這裡的性，指的就是元性，乃不性之性，其體柔慈。此性從先天而發，又謂之「真意」，五行拳之道也要「率性」。

郭雲深先生曾說：

人之初生，其性天真，無有私慾，先天統後天，後天順先天，故身體健康。以後年事漸長，知識漸開，靈竅漸閉，正氣漸衰，於是先後天不合，陰陽不交，以致身體不能健壯。練五行拳之道無它，無非透過意識修養和肢體動

作，將人身中散亂的內氣，收納於丹田之內，使之不偏不倚，和而不流，則人身與天地之理相合，氣質乃得以變化，恢復到初生時的嬰兒狀態。

所以，練五行拳要遵從《河圖》、《洛書》、五行相生相剋之理，要順乎人性動作之自然，依照一定法則，身體力行，要至柔至順，周身內外全用真意，以盡人之性，積蓄虛靈之神，以至於無聲無臭，神形俱杳，方得漸返還於先天，得「拳無拳，意無意，無意之中是真意」之境界，亦得「盡性立命」之功也。

第四章

十二形拳

　　十二形者，乃龍、虎、熊、鷹、蛇、鮐、燕、雞、鷂、馬、猴、鼉是也。此諸禽得天地之靈氣以生，各得其一體，或間有所偏而不全，然各有專長，為它物之所不能及。此即古人所謂「絕利一源，獨得天地之妙」者也。如：龍潛，虎撲，蛇捲，鼉游，鷂子束身，金雞獨立，熊有豎項之力，猴有縱山之靈，蒼鷹搏兔，禿鮐豎尾，燕子抄水，駿馬蹟蹄，皆能各盡其性，獨顯其能，隨意起止而不負其形。

　　人為萬物之靈，得天獨厚，心思形骸，耳目手足，聰明睿智，才力氣魄，博大精奇，無所不備，足以配天地，贊化育。若棄其形骸而不治，捨其聰明而不用，是辜負天地賦我之形、授我之能也。況萬物舞蹈，常法人形，而人豈能反不如物，能不格萬物之理而全其形乎？

　　此十二形拳者，亦即令人練之以格物之理而盡人之性，格十二形之妙以盡萬物之形。苟能悉心體會，集十二形之長於我之一身，不特在技擊上可達上乘之選而得出神入化之妙，即在延年養生方面，亦可通運變之機而啟生化之源，裨益匪淺也。

第一節 龍 形

歌 訣

一波未平一波生，好似神龍水上行。

忽而升天高處躍，任衝得調內虛清。

龍之為物，有剛柔之體，有升降之形，伸縮自由，變化莫測。欲仿效其形，則拳勢有六：即潛龍下降、蟄龍升天、神龍游空、游龍戲水、烏龍翻江、黃龍探爪是也。

一、基本練法

1. 潛龍下降

三體式開勢。兩手握拳，前手收回由前心向前上方躥出，如打劈拳時之上攢一樣。同時，左腿提起，左腳尖向回勾，左腳極力扭橫，眼向前看（圖4-1）。

左腳橫著向前落下。同時，右手散掌向前下方劈出，左手散掌拉回至左小腹側。渾身一齊收縮下伏，身向左轉，兩腿成剪子股勢，後腳跟欠起，重心落在後腿。眼看右手

圖4-1

（圖4-2）。此勢即潛龍下潛之勢。此為右式。

身體起立展開，再將右手拉回，握拳上攢。右腿提起，右腳外橫，腳尖向回勾；隨即右腳橫著向前落下。左手劈出，右手拉回。渾身同時一齊下伏，兩腿成剪子股勢，後腳跟抬起，重心落在後腿。眼看左手。

此為潛龍下降之左式。式成後與圖4-2所示者相同，唯左右相反。如是左右輪換練習，次數不限。

2. 蟄龍升天

三體式開勢。做潛龍下降之勢，如圖4-2所示，唯架子可稍高。再將右手收回，握拳上攢。渾身展開，極力上縱（圖4-3）。落下時右足、左手在前，成潛龍下降的左式（圖4-4）。如此左右輪換，每次即以上縱來換步。落地後姿勢比潛龍下降稍高（圖4-5）。

圖4-2

圖4-3

3. 神龍游空

三體式開勢。打右式潛龍下降，唯其勢稍高（圖4－6a）。

雙手握拳，右拳收回，自前心向前上方躦出（圖4－6b）。

圖4－4　　　　　　　圖4－5

圖4－6a　　　　　　圖4－6b

右腳向前上方踢起，左腳同時向前縱跳一步。兩手不動。眼看前方（圖4－6c）。

右腳落地成潛龍下降之左式（圖4－6d）。

再做時，重複以上動作，唯左右相反。

以上三式可以綜合練習，先做潛龍下降，繼之作蟄龍升天，在騰空時雙腳前後位置相調換，再接做神龍游空。落地仍是潛龍下降之勢。前輩形意拳家，經常這樣合練。

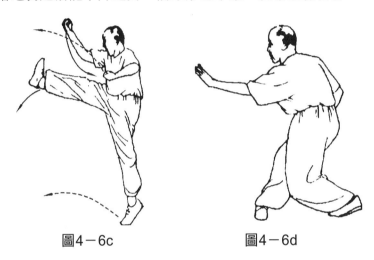

圖4－6c　　　　　　圖4－6d

4. 游龍戲水

三體式開勢。做右式潛龍下降（同圖4－2），再做左式潛龍下降。

右手向後甩，左手經面前屈臂置於右臂內側。兩腿仍是剪子股勢。眼向後看（圖4－7）。

向左轉身，左手自下方向左後甩起畫一大弧，置於右肩側，右手屈臂經面前置於左腋下。左腳同時向前邁一

步，橫著落地，兩腿仍成
剪子股勢（圖4－8）。

身微向下蹲，兩手向
左右撐開成雙塌掌。眼向
後看（圖4－9）。此為右
式。

再做左式，動作與右
式相同，唯左右相反。

圖4－7

5. 烏龍翻江

三體式開勢。右腳向前邁進一步。同時，兩手變立
掌，向前直插（圖4－10）。

右腳變橫，左腳向右腳後直插過去，身體半下蹲，成
倒插步。同時，兩掌向左向後再向前畫一小圈，右手伸向
右方，左手置於右臂內側。眼向右看（圖4－11）。

圖4－8

圖4－9

　　兩腳不動，向左轉身180°。右手隨轉身而橫掃一大弧，至正前方，左手置右腋下（圖4－12）。

　　左手自右肘外側向前上方躦翻，置於額前上方，左肘微抬起；右掌從左臂彎處正前方以立掌擊出，與左腳上下相顧，此謂「炮掌」（圖4－13）。

圖4－10

圖4－11

圖4－12

圖4－13

再做,左腳微進,雙手下落收回,隨雙掌一齊向前插出。以下動作與上相同,唯左右相反。

6. 黃龍探爪

三體式開勢。雙手向下向回抓至臍下,分置臍旁。左腳同時收回置於右腳內側,靠緊。眼看左前方(圖4-14)。

左腳向左前方邁進一步,腰向左轉,塌腰,將小腹放到左大腿上;右膝向下墜,右腳跟欠起。同時,左拳變掌向上躦翻,置於額前,掌心向前上方;右拳亦變掌(如龍爪)向前抓出,高與胸口平。眼看右手(圖4-15)。此為右式。

再打左式,左腳微進,右腳跟進至左腳內側靠緊。兩手向下向回抓至臍下,握拳停於臍兩側。隨即進右足,右掌躦翻,左掌向前抓出……動作與右式完全相同,唯左右

圖4-14

圖4-15

相反。如此一左一右，輪換練習。

二、用勁要求

　　龍之為物，升天入海，變化莫測。拳譜云：「龍有搜骨之法。」蓋言其伸縮自由也。故吾人練龍形，非周身筋骨便利不可。總的來說，伏身時力多在腿，而以兩膝最為吃力；起時尤其是上縱時，其力多在腰胯，非有豎勁不可也。至於其伸縮變化，則必用全身之力。骨節既要能鬆開，又要有彈性。

　　潛龍下降時，身體之下伏和兩掌之下按要整齊一致，腰要塌勁，頭要頂勁。蟄龍升天時，身體上縱與兩手上伸要同時，動作要快、要一致，兩腳必須在空中交替位置，速度要快。神龍游空時，手之上鑽、足之向前上方踢與另一足之向前縱，三者動作要整齊一致，落腳時扁踩，腳跟要用力，全身動作要整齊一致。

　　游龍戲水、烏龍翻江，練時要將肩背放鬆，腰胯之轉動與肩臂之甩動及頭項之左顧右盼的扭動要協調一致，千萬不可有一絲僵硬的表現，方能做出游龍之意。《納卦經》云：「肩背宜於鬆活，乃是巽順之意，襠胯宜於靠緊，須玩兌澤之情。」指的就是這個意思。練黃龍探爪，用勁類似於練鷹啄一般，學者可自己體會。

三、技擊用法

　　設我以三體式待敵，左腳左手在前。
　　設對方以右拳直擊我前胸，我可用後手（即右手）接

對方的手，用前手（左手）劈打，如劈拳之法。同時，起右腳，用「扁踩」直向對方腳面、脛骨、髖骨等處踩去。手腳齊起齊落，出腳要有力。此是潛龍下降之為用。

若距對方稍遠，可仍如上法接手，與接手的同時，即起右腳向對方襠下踢去。若對方後退甚速，我未踢著，即急速用左腳向前縱跳一步，落腳時向對方髖骨、脛骨蹬去，左手同時向前劈。此即神龍游空之為用。

至於蟄龍升天，由於騰空用腳的機會甚少，且運用極難如意，前輩之專長於龍形者，間或用之，後人多不用，只當做鍛鍊騰空的手段。練時，頭要暗含著頂勁，腰要向上拔勁，膝要向上縱力，總的以意向上領勁。

若如上接手後，對方以大力向左（以我為準）撥我的右臂，我可順勢向左轉腰，左足向右腿後邊倒插，右臂向左、向下畫弧，趁勢向右後塌掌，擊對方小腹。此是游龍戲水之為用。

若塌掌未中或遭到撥攔，我即可向左大轉身180°，隨著轉身之力，左掌從右臂下橫著向左平斬而出，此亦是橫拳之橫勁，此即烏龍翻江之為用。待轉至與對方正面相向時，左掌即向上躦翻，右掌向前平直而出，或打或抓。此即黃龍探爪之為用。

總之，龍之特長在於變化莫測。吾人欲效龍之形而剋敵制勝，必須全身筋骨利便，勁道柔韌。伏身時力多在腿，以膝最為吃力；起時力多在腰；變化時則又必全身之力擰在一起，柔順而有彈力，始可有為。故練形意拳者雖多如牛毛，而善於龍形者，則如鳳毛麟角也。

四、祛病養生

練龍形之力，多在腰、膝，其動則起於承漿之穴。一起一伏，任督二脈輪廻相接，故可使心火下降，身體靈活。蓋膝為腎之路，腰為腎之府，故練龍形可以培元氣、壯腰腎、通調水道。

上跳時可調整任脈與督脈的平衡，又可調整婦女經血。腰向上拔時，華蓋、膻中兩穴宜放鬆，可以寬胸利膈，清肺止咳。《靈樞·海論》中云：「膻中者為氣之海。」《素問·靈蘭秘典》云：「膻中者，使臣之官，喜樂出焉。」故向上向前一縱，則心中無比愉快，輕鬆肌體，清虛其內，獲得寬胸降逆，清肺化痰，調氣寧神之功，不獨能柔化其筋骨，對治療肺氣腫、老年性慢性支氣管炎、咳嗽、失眠、肺心病等均有效。

第二節　虎　形

歌　訣

縱跳以撲，托抱稱雄，

勁起臀尾，通督聚精。

虎之為物，撲力最強，以爪為雄，所向無敵。爪之所至，必可奏功。是故練虎形者，多專練虎撲，實不知虎形共有六種練法、六種用法，即虎撲、虎托、虎抱、虎攔、虎截、虎撐是也。

一、基本練法

1. 虎　撲

圖4－16

三體式開勢。將兩手往前方直插出去。同時，左腳向前踮出半步，再將右腳前進（或前縱）一大步，左足提起緊靠右腳內踝。同時，兩手握拳抽回，置於小腹兩側，拳心朝上，兩肘緊靠兩肋。挺腰，提肛。眼看前方（圖4－16）。

兩拳由胸前向上鑽出至與肩同高時，即向前變掌翻落。同時，左腳向左前方縱出一大步，右腳跟進。肘要下墜，兩虎口相對。眼向前看（圖4－17a、圖4－17b）。此

圖4－17a

圖4－17b

是虎撲之左式。

　　虎形起勢所用步法，一踮，一縱，一蹚，共是三步，總為一步，名曰「踐步」，即老譜所云「龍騰虎踐」之步法也。常言：「虎形一步一丈五」，指的就是這種步法，三步共一丈五尺也。

　　再前進打右式虎撲時，仍是左腳向前踮半步。同時，兩手向前插，隨即握拳收回置小腹兩側，拳心朝上。右腳亦同時跟至左腳內踝處，靠緊，腳掌與地平行，離地約寸行。挺腰提肛，兩肘向裡裹勁。

　　稍停，隨即兩拳經胸前上躦至與肩同高時，變掌向前翻落撲出。右腳向右前方縱出一大步，左腳跟步。式成時與虎撲左式相同，唯左右相反。

2. 虎　托

　　三體式開勢。右手向前伸出，與左手平，兩手向外開，隨即向下向裡畫弧，由小腹向前上方托起，手心朝上，高與肩平。右腳同時邁進一步。眼看前方（圖4－18）。

　　再換式時，兩手動作與上述相同，唯是左腳進步耳。

圖4－18

3. 虎 抱

三體式開勢。兩手收回至胸前，掌心朝上；隨即兩手左右分開，向前抱去，掌心相對，高與腋平。右腳同時向前邁進一步。眼向前看（圖4－19）。

圖4－19

再換式時，動作與上述相同，唯是左腳向前進步耳。

4. 虎 截

三體式開勢。兩手握拳，拳心朝上。右腳同時上至左腳內側，靠緊，踏實，左腳變虛。沉肩，墜肘。眼看前方（圖4－20）。

右手自腹前向右、向前、再向左畫弧，右小臂隨之先內旋再外旋，停於胸前成截手，拳心朝上，與肩等高，肘下墜，屈曲約成90°；左拳收回，左小臂內旋，下扣，橫於腹前，左拳拳心朝下，與右肘上下相顧。左腳亦同時向左前方進一步。眼看右手（圖4－21）。

此為虎截之右式。

再換式做虎截左式時，手、腳動作與做右式時相同，唯左右相反。

圖4－20　　　　　　　　圖4－21

5. 虎　攔

　　三體式開勢。左腳進
寸步。右掌同時從左肘下
向前插出，小臂外旋，翻
至手心朝上，比肩略低，
肘努力向下垂勁，肩向前
鬆，擰腰順胯；左掌亦同
時拉回至右肘內下側，掌
心朝下，兩掌兩臂上下
合勁。眼看右手（圖4－
22）。

圖4－22

　　換式時，左腳前進一
步。左掌從右肘下向前插出，其他一切動作同上，唯左右
相反。如此左右輪換練習。

6. 虎　撐

三體式開勢。步法、手法和一切動作與虎撲完全相同，唯不用掌撲，而是用雙拳前撐。撐出後，兩拳虎口均朝上，拳心相對，與肩等寬，高與心口平，大臂下斜，小臂水平（圖4－23）。

圖4－23

二、用勁要求

虎撲、虎托、虎抱、虎撐，用勁之要點皆在於臀尾。以臀將下之力向上一提，將後之力向前一送，則周身之力皆自背上達於頂，由頂而下注於兩臂兩手。故必先深刻領會臀力，而後始能得虎撲之妙也。唯是用臀力之時，必要頂頭、豎項，腳向後蹬，好像要將尾中大筋努力拉直之意。還要手足同起同落，內氣一提一降，周身一家，才有整勁。

虎截、虎攔，用的拗步斜身的合勁。故而一定要擰腰順胯。虎截是自外向裡合勁，肘要有內裹之力，兩肩要相合。虎攔是上下相合之勁，前肩要向前鬆，後肩要向下沉，既有上下的合勁，又有前後的開勁。唯只有開之意，不可有開之形也。

三、技擊用法

1. 虎撲之用

當對方以虎撲攻我時，我雙手（手背朝上）向上領對方雙臂，臂與肩同時微微外開；同時，蓄力而進身，隨即腳踏中門，還對方一個虎撲（圖4-24）。

當我以虎撲進擊對方，而對方以雙掌托住我雙肘時，我可頂頭、塌腰、沉肩，肘努力下墜而外開，化開對方上托之力，隨即以虎撲進擊對方（圖4-25）。

如對方以單手向我進擊，我可用一手接其腕或小臂，另一手接其大臂外側，轉腰進行引化，同時從對方外側上步，以虎撲打橫（圖4-26）。

或直接以雙手接住對方進攻的胳膊，稍一裹纏，感覺對方之力已被化開，即翻掌以虎撲進擊之（圖4-27）。

圖4-24

圖4-25

圖4－26　　　　　　　　圖4－27

2. 虎撐之用

與虎撲相同，唯出手是雙拳而不用掌，且發勁是平直
向前而不是向前下方耳。

3. 虎托之用

主要是以雙掌托住對方雙肘，用柔勁隨對方進攻的勁
路而化解之。用時要隨屈就伸，粘住不放，方可奏效。若
能反應靈敏，動作迅速，亦可在接住對方兩臂下壓之勁
後，向上一掀一送，即可將對方掀起、擲出，所謂「打人
如掛畫」也。然此非功夫較深者，不能用之也。

4. 虎截之用

對方以拳或掌向我胸前進擊時，我一手自內方接住對
方腕部，以另一手自外側接住對方大臂，雙手裹勁向裡一

合，便將對方拿住；然後鬆肩向前一送，可將對方擊出（圖4-28）。亦可不接對方大臂而以陰掌橫斬對方頸部（圖4-29）。但此法用之要特別慎重，蓋防止傷及對方之頸大動脈而斃人命也。

圖4-28

圖4-29

5. 虎攔之用

前手自裡方接住對方進擊之手的腕部，向下扣住，另一手從下方托住對方肘尖，兩手上下合勁（圖4-30）。此時，如對方用力猛，臂亦較直，我力一發，往往傷及其肘關節。對方如肘稍屈，有墜勁，我可借彼之力雙手向前上方一送，往

圖4-30

往可使對方肩關節脫臼。

6. 虎抱之用

　　如對方單手進攻，我可自對方外側進步，以雙手接彼之臂而裹纏之，並隨其勢以兩掌插彼腋下或兩肋，抱起而擲出之（圖4-31、圖4-32）。

　　如對方雙手進攻，且進攻之部位較高時，我可用兩手外開，隨即以兩手插彼兩肋而擊出之（同圖4-24）。

　　若對方進擊之雙手較低，我可用兩肘及小臂下沉以緩其勢（圖4-33）；隨即急向中門進步，以雙手插之兩肋，抱而擊出之（圖4-34）。

圖4-31　　　　　　　　圖4-32

圖4－33　　　　　　　圖4－34

四、袪病養生

用虎形以為袪病養生之用時，多用虎撲、虎托、虎撐。練時用勁宜柔。其勁起於臀尾，經命門而過夾脊。故可以通督脈，壯腰膝，益腎，培元，聚精，健肺，補氣凝神，調脾利濕。此形在腹內練腎水，故能強腰脊、充耳目。

練虎撲時，外形一蓄一發，內氣一升一降，氣自海底上升至命門，復出於丹田，再降入海底，走一個三點式的小周天，久練可以水升火降，調和心腎。練虎抱時，兩臂一開一合，兩肘摩肋，久練可以治療肝、脾之疾。

臨床實踐證明，虎形對心腎不交和頑固失眠者，有較明顯的療效。

第三節　熊　形

歌　訣

兩膀開合肺氣伸，拔背豎項力千鈞，

化去肝風補脾土，調中和胃萃精神。

一、基本練法

三體式開勢。前手收回，兩手握拳置於小腹兩側，拳心朝上。

上式不停，兩拳經胸前上攢，高與口平，與口相距約半尺許；兩小臂交叉，右臂在外，左臂在內。右足同時進至左腳內側，靠緊，腳尖點地成虛步。眼看前方（圖4－35）。

兩臂用力向左右撐開，成半圓形。右腳亦同時向前進一大步，左腳跟步。眼看前方（圖4－36）。此為右式。

再練左式，一切動作與練右式時相同，唯左右相反。

二、技擊用法

熊有豎項之力，其力之處在兩膊。試看熊在抖威風時，兩膊搖搖，即是證明。待熊形發力時，頭要頂，肩要沉，膀要開。

圖4－35

圖4－36

三、用勁要求

　　熊形之用，主要是開勁。對方如以虎撲或虎撐向我進擊，其力剛而速時，我恐用柔勁接不到好處，可用熊形以外開之剛勁接之。蓋對方是直勁，我是橫勁，雖兩勁俱剛，亦無害也。

　　將對方雙臂擊開後，我可用虎撲、虎撐，或單拳、單掌進擊，隨意為之，不拘一格。

四、袪病養生

　　熊形練的是一氣之開合。一合則胸涵、背拔、頭頂、豎項，真氣達於百會，聚於中脘，督脈通矣；一開則兩膀、兩肩、胸、背、雙肋齊開，真氣降入丹田，任脈通矣。一合一開，內氣走一個小周天。練此拳時，中府、雲

門、膏肓、肩井、夾脊諸穴，一齊開動，故而可以通肺氣，補脾土，化肝風。真精化氣，增長氣力，治療五勞七傷、久虛體弱、羸瘦虛損和病後需要調養恢復者，及調中和胃，理氣消滯，都有較好療效。

第四節　鷹　形

歌　訣

九秋最是鷹得意，搏兔全憑鷹爪力，
腎中陽氣過三關，還精補腦入泥丸。

一、基本練法

鷹形之單練即為鷹啄，前邊已有詳述。世之練形意拳者多將鷹、熊二式合演，名曰「熊鷹鬥智」。其操練之法如下。

三體式開勢。先將左手收回，隨即握拳經胸前鑽出，高與口齊；右拳置臍下，拳心朝上。同時，右腳前進一步，左足微跟進，腳跟欠起，膝向下垂。眼看左前方（圖4-37）。

右手經胸前往上鑽出，至與左手相遇時，即變掌向前下方抔按，如鷹捉物。臂似屈似伸，左手亦同時下按拉回至小腹左側，掌心向下。出右手的同時，左腳前進一步，右腳跟進，腳跟欠起，右膝向下垂勁。眼看右手（圖4-38）。

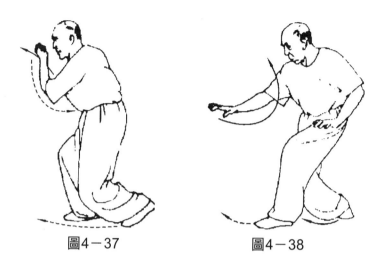

圖4－37　　　　　　　　圖4－38

　　再進步換式，動作與上述者相同，唯左右相反。如此左右輪換練習。

二、用勁要求

　　老譜云：「鷹有捉拿之精，熊有豎項之力。」此二者在練習時均應有所體現。其要點皆在二目。鷹下視而頭不低，熊上視而頭不仰。一伸一豎，皆有絕大項力。鷹抓之力全在筋梢，熊之用力全在兩膊。故拳上鑽時，要挺腰豎項，兩肩垂扣；鷹捉向下捋按時要五指如鉤，沉肩墜肘，身子似鬆似捆，有下墜之勢。譜云：「未起如摘子，未落如墜子」，即指此也。

三、技擊用法

　　熊形為防守，鷹捉為攻取。熊形接手在對方腕部或小

臂外側，進擊則是從對方肘窩之上進擊；或者以右拳拗步
接手（圖4-39）。

　　步不動，左手以鷹爪之力順對方大臂向下捋按，右手
亦同時助之而向下採（圖4-40）。若採之不動，即可順其
抵抗之勢，速用右掌拗步進劈，往往可獲勝算。

四、祛病養生

　　鷹之性最狠，最烈，其勁在爪，其精在目，能明察微
小之物。其搏兔之形，外陽而內陰，能起腎中之陽氣，上
升補腦，穿夾脊、過三關而上入於泥丸，復其真陽之氣。
練習時，若能動作自然順遂，則真精補還於腦而眼光明
亮。若其勢悖謬，內氣不順而勉強為之，則必至真勁不能
貫於四肢而陰火上升，頭眩眼赤。臨床實踐證明，對消化
不良、腎虛腰痛和各種眼病，都有療效。

圖4-39

圖4-40

第五節　蛇　形

歌　訣

從來順理自成章，拔草而行柔中剛。

懷抱陰陽通督脈，化去拙力透真陽。

一、基本練法

三體式開勢。右腳疾進一步，左腳跟步，腳跟抬起，腰向右轉。與進步的同時，右手向左肩前插手，掌心向外；左手向右肋下插下，手心亦向外，停於右胯旁。眼向左看（圖4－41）。此式謂之「懷抱陰陽」。

左腳向左前方邁進一大步，右腳跟進，踏實。同時，左手以立掌之勢，隨左腿之前進而向前擺出，掌心向右，高與胯平；右掌亦同時下按，收回到小腹右側，掌心向下。眼看左手（圖4－42）。

此為左式。再進步打右式時，左足向前墊半步，右腳跟進，腳跟欠起。然後兩手再懷抱陰陽，進右腳，右手擺出，左手拉回，一切動作與打左式時相同，唯方向相反。

二、用勁要求

蛇之為物，靈巧活潑，能伸能縮，能繞能盤，能收能放，能柔能剛；有撥草之巧，又有乘隙前進無孔不入之能。故練時要活潑於腰，其力在肩，所謂肩打者是也。擺

圖4－41

圖4－42

出後，兩手前後相對，兩肩要向外開勁，兩胯亦然。至於懷抱陰陽之時，兩手兩臂用力務必均勻，兩肩內扣，身子陰陽相合而下縮，如同從一小孔鑽過去一般，至於提肛、挺腰、垂肩，則尤不可忽視也。

三、技擊用法

蛇形彎彎曲曲，擊尾則首應，擊首則尾應，擊其中則首尾皆應。

設我三體式站立，左手左足在前。左肘內裏，左手以仰掌向前上方伸去，謂之「吐信」，用以鎖對方之喉或取眼（圖4－43）。

圖4－43

向左轉身，左手在上、右手在下，懷抱陰陽。左手上穿時是撥轉敵手以護臉；上右步右手向前擺是打襠。如能以低勢伏身而進，則可以肩打襠。如對方來勢較高而擊我胸或面，則我右手亦可變成上挑而回擊之，此時右手可挑至與肩同高（圖4－44）。無論擺或挑，都叫做「白蛇抖身」。

圖4－44

若對方以右崩拳向我進攻，我可用左臂自對方右臂外側接手。用左臂挨住對方右臂，自上而下一纏，隨即向前一伸一抖，即可將對方打出（圖4－45）。

若被對方擠住，我兩臂被逼於胸前難以施展之時，即可用一縮一伸之抖動，助以兩臂之開勁，即能化險為夷。此即老譜所云：「擠住逃時用蛇形」也（圖4－46）。

四、祛病養生

練蛇形之內氣，亦是腎中之陽也。懷抱陰陽時，兩臂交於胸前，後背繃緊，前肩塌勁，內氣凝聚於中脘。前手一擺一挑，內氣自中府、雲門直透大拇指端之少商，轉入食指之商陽。中府為肺經之募穴，少商為肺經之井穴，商陽為大腸經之井穴。肺與大腸互為表裡，故可以開胸下氣。頂頭、豎項、塌腰，則內氣自後腳跟起，沿大腿

圖4－45

圖4－46

上與督脈相接，直達百會，督脈諸穴乃全通。督脈總一身之陽，故亦可起腎中之陽，直透於外。練之日久，可以養肺、強腎，使人的精神面貌，常如日月之光明。

第六節　鮎　形

歌　訣

鮎形凌空，展臂寬胸，
長腰豎尾，降濁升清。

一、基本練法

1. 三體式開勢

兩手握拳同時上鑽，待高與眉齊時（圖4－47），即

用力向左右分開（圖4－
48a），謂之「白鶴展翅」。
隨即兩臂向裡裹擠，兩拳置
於小腹兩側，拳心向上。左
腳向前邁進一步；同時，右
腳亦進至左腳內側，虛步，
兩腿靠緊（圖4－48b）。

圖4－47

　　右腳向前邁進一大步。
兩拳平著向前出去，拳心朝
上，兩拳相距約一分米多
（四寸許）。眼看前方（圖4－49）。

　　換式時，先將右足向前墊步，兩拳鑽、開……一切動
作仍如前，唯是左足向前進步耳。

　　此式之用勁要求是：白鶴亮翅兩臂分開落下後，兩肘
要靠肋，兩拳在肋下，肋向裡裹勁，兩肩往下垂勁。兩

圖4－48a

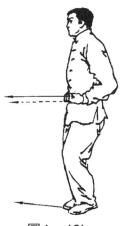

圖4－48b

足相併時，腳要摩脛，腰要
塌勁，膝要靠緊。兩拳向前
出時，不可太遠，要用臀尾
之力向前送。墊步、併步、
進步，三步為一組，要一氣
呵成。

2. 仍是三體式開勢

左腳向前墊半步，兩手
交叉置小腹前。

圖4－49

兩手握拳上攢，高出額
頭，隨即散拳變掌向左、右分開。與兩手上攢的同時，
右膝盡力上提，左腳單腳上跳，落地仍回至原處（圖4－
50a、圖4－50b）。

右腳落於左腳前方的一分米（三四寸許）處，腳尖點
地。同時，兩手向前畫弧至正前方再拉回到肋下，手心朝

圖4－50a

圖4－50b

上，小腹微收，有蓄勁之勢。眼看前方（圖4－51）。

兩掌向前推出如虎撲一般。同時，右腳向前邁進一大步，左腳跟步，兩腳相距約三分米（尺許）。眼看前方（圖4－52）。

再換式時，右腳向前墊半步，其他一切動作仍同前，唯左右相反。此種練法謂之「白鶴升天」。

圖4－51

圖4－52

二、技擊用法與用勁要求

鮐，俗名禿尾巴鷹。其搏兔之特點是其身向下猛捕，兩翅一裹，再用兩腿一蹲，故謂臀打也。

練鮐形，兩拳上鑽外開，是用開勁破對方進攻的雙手；兩臂內裹、併步，是近身蓄勁；向前以拳頂出是進擊。若與對方距離較近，則在兩臂外開的同時，可提膝打擊對方陰部或小腹，但不宜過高。老譜云：「起膝望

腹」，即指此也。若對方後退甚快，以膝頂之不中，或對方變招將手抽回復以雙手頂我，則我即速將腳落下，並以雙手順對方來勢而向回領、吸，接住勁後，便向前進步，踏中門，以虎撲之勁而擊發之。此是「白鶴沖天」之用。

　　若由於種種原因不便用膝頂時，則只用一開一頂以回擊之，但這一擊必須能用上臀尾之力，才可奏功。此即「鮐豎尾」之用也。

三、祛病養生

　　白鶴沖天，是一氣之升降、開合。雙臂上攢、張開時，可以理三焦，調五臟，泄內熱。並能利胸膈，舒肝，理肺。跳躍時，精神上提，可以升清降濁，開竅醒目。膝為腎之路，腎之邪在膕，故躍步提膝可利膝、固腎腰。落時雙臂內合，胸內涵，使內氣收縮而復歸於丹田。推掌時，用的是臀尾之力，一提一送，可以通督脈，聚腎精，得強腎固本之功。

　　腎水足而肝木得榮，故練之順則可使氣固肝舒，且能活肩、活足，得益甚廣也。

第七節　燕　形

歌　訣

燕子抄水最輕靈，心火下降腎水升，
天陽地陰補血氣，一藝求精百倍功。

一、基本練法

三體式開勢。右手前伸，與左手齊。

兩手向左右分開，由身體兩側向下、向裡畫弧至胯外側時，即向前上方托起，掌心向上。與掌上托的同時，右腳向上踢起，與手同高（圖4－53）。

上式不停，右腳落回原處，腳尖外撇。兩手下經胸前向外向上再向下畫一小圈，落於腹前時，即向左右分開如展翅之狀。同時，左腳向前伸出，右腿屈膝下蹲成仆步。眼向左看（圖4－54）。

謂之「燕子抄水」。

身體向左（即前）伏身而進，右腳進至左腳前方，踏實；左腳跟進，提起變虛。與伏身前進的同時，右掌自下向前撈起，手心向上，高與襠平，左手撫於右腕上。眼看右手（圖4－55）。謂之「燕子銜泥」之勢也。

圖4－53　　　　　圖4－54

左腳前進一步，右腳跟進，踏實。同時，兩手握拳，經額前向前後畫弧分開。眼看左拳（圖4－56）。謂之「雙展翅」。

進左腳。右拳向前平直打出，左掌撫於右臂內側，成拗步崩拳。

右腳微抬起，再落地成橫腳；左腳後退一步，腳跟欠起，兩腿交叉成

圖4－55

剪子股式。與左腳後退的同時，左手握拳拉回，經胸前攢出，高與口平；右拳亦拉回，置於右肋下，腰向右轉。眼看左手（圖4－57）。

圖4－56　　　　圖4－57

右腳抬起，轉至腳尖向前落下。右手同時散掌向前劈出，如同打「鷹捉」一般（圖4－58）。

再進步換勢，手、腳一切動作仍如上述，唯左右相反。

圖4－58

二、用勁要求

燕子為最靈巧之禽鳥，有躍身之法，抄水之妙；向水而落，沾水而起，輕捷之極。練時用力多在兩臂。伏身而進，力在後膝，身要下伏，腰要塌下，好像鼻子要擦地一般；又如同伏身從板凳底下鑽過去，側身一斜而起，其力再注於兩手。

燕子銜泥，兩臂是合勁，右手是前插、上托之勁，故肩要鬆，胸要涵。雙展翅是開勁，臂要用力，兩肩要下沉，胸要開。此式有起伏、升降、開合、扭轉，故總的機關在腰，腰宜鬆而不可僵也。

三、技擊用法

對方不論以單手或雙手進擊，只要其進擊之部位在心口以上，我均可用兩臂上穿、外分，進行封、閉、撥、攔，同時下邊起腳踢、蹬對方的膝骨、髖骨、襠、腹，以至胸口。無論何處，踢中即傷。

此一踢，也叫燕子抄水。下仆伏身而進，是躲避對方對我腰、脅以上各部位的橫掃、截、斬；同時，可用肩向前靠打對方的襠、小腹等要害部位，其作用大體和蛇形的肩打類似。用到好處時，前手可從對方襠下直穿過去，用肩將對手打起來、摔出去。

燕子銜泥時右手之前插、上撈，是抓襠打腎，若得手時，左手順勢向對方小腹前去一掌，同時右手向後一拉，可將對方外腎揪下，俗話叫做「摘桃」。此是絕命招數，不可輕易使用。老譜云：「上打咽喉下打陰，腦後一掌要真魂」，即指此也。

若抓腎失利，頭部必遭對方攻擊，所以緊接著又是雙拳上鑽，前後分開，也是封架、撥、攔之意，隨後是一個拗步崩拳，腳踏中門，拳走中平，又是一招頗具威力的進攻。

關於燕形的用法，諸武林前輩各有各的特點，故而在練法上也頗有差異，唯獨對「伏身而進，抓襠打腎」則是相同的。

四、祛病養生

練燕形之躍身、抄水，可使腎水上升，心火下降，心腎相交，水火既濟，活腰脊，輕身體。運動中雙手從陽掌變陰掌而上舉，踢腿，是吸天陽也；屈膝下蹲，伏身而進，雙手手背朝下，是飲地陰也。《黃帝內經》云：「吸天陰以養氣，飲地陰以養血。」故練之能以補血氣。

銜泥時，束身而起，兩臂相交，手三陰之脈氣接通。

大陵、內關兩穴受到摩擦，大陵為心包經之輸原穴，內關為心包經之絡穴，為八脈交會穴之一，故可清心、凝神、合胃降逆。兩臂分開時由掌握拳，十指齊握，手三陰、三陽之脈氣皆通。

臂上抬外分開時同，極泉、章門、帶脈三穴皆開，故內氣上下相通，丹田之氣得以周流全身，四竅開，精神足，腦力健，得養生之妙起趣矣。

第八節　雞　形

歌　訣

金雞獨立顯奇能，強身還須補腎功。

足力上升健腦力，頂氣下降腿腳輕。

一、基本練法

前輩所傳雞形，原本只有「金雞獨立」之一式。如董秀升手錄《曹繼武著・岳氏形意拳》手抄本中，雞形則只有「獨立」一式。劉文華先生所著《形意拳抉微》中，亦只有「獨立」一式。

後之學者，所練之雞形，則有金雞獨立、金雞食米、金雞抖翎、金雞上架、金雞報曉、金雞鬥爭等許多拳勢，且自成一個小套路，名之曰「金雞四把」。而各人所練之「四把」亦各有差異，不盡相同。然對於「雞有獨立之能、欺鬥之勇」則認識一致，並無分歧。

1. 金雞獨立

三體式開勢。左腳向前墊半步。右手從左手下邊向前插出，掌心向上，左手撫於右小臂內側。前腿弓，後腳跟微欠起。眼看前方（圖4-59）。

右腳向前疾進一步，立定踏實；未落地時左腳即提起，腳尖向上勾，置於右腳內踝骨上，兩腿靠緊。同時左手從右手下平直下，亦手心朝下。眼看左手（圖4-60）。

左腳再向前邁出一步，弓腿，右腳跟微欠起（同圖4-59）。右手從左手上邊向前平插出去，掌心朝下；左手抽回置左肋下，亦掌心朝下。隨即右腳向前疾進一大步，踏實；右足未落時左腳即平著提起，置於右腳內踝側，兩腿靠緊。同時，左手從右手上邊，緊貼手背向前插出；右掌拉回置於右肋下，兩手都是掌心朝下。眼看前方（同圖4-60）。

圖4-59　　　　　圖4-60

2. 金雞食米

承上式，左腳向前邁出一步，右腳跟進，兩腳相距約1.5分米（半尺許）。同時，右手握拳平直打出，如打拗步的半步崩拳一般，唯左手係撫於右小臂內側。

3. 金雞抖翎

右腳向後撤回半步，向右轉身，成馬步樁之步勢。同時，兩手合抱於胸前，左臂在內，右臂在外。眼向左看（圖4－61）。

此為自金雞食米到金雞抖翎之過渡式。

隨即腰向左轉，左肘平著向左肘出，即迅速向右轉身。右腿弓，左腿蹬直成右弓步。同時，右臂橫著向上翻架，小臂內旋，翻至掌心朝上；左手下按，掌心向下，置於左胯側（兩手亦可均握拳）。眼向前看（圖4－62）。此為抖翎之勢。

圖4－61　　　　　　　圖4－62

4. 金雞上架

左腳上步超過右腳,未落地右腳即迅速提起,高比左膝稍低,腳尖向上勾起,兩腿靠緊。兩臂亦同時在胸前作「懷抱陰陽」,右手在下,左手在上。眼向右看。勢成時,與蛇形之「懷抱陰陽」相似,唯左腳略高耳(圖4-63)。

圖4-63

5. 金雞報曉

右腳向前邁出一大步。右手從下邊用力向上挑去,高與眼平,指尖向上,臂微彎曲;左掌下按停於左胯旁,掌心向下。眼看右手(圖4-64)。

接著再做一個「金雞獨立」,再接一個「金雞食米」。此時左腳、右拳在前。

6. 金雞鬥爭

右腳前進一步。同時,兩手變掌,向左右分開,向下、向裡畫弧,隨即向前上方托起,成虎托之勢。然後重心後移於左腿,兩手向外、向回畫弧,置於兩肩外側。同時,右腳極力屈膝收回、抬起,腳尖向回勾,腳努力向外扭成橫腳。頂頭,豎項,眼向前看(圖4-65)。

前腳向前蹬出、落下,腳尖向前。雙掌亦同時向前撲

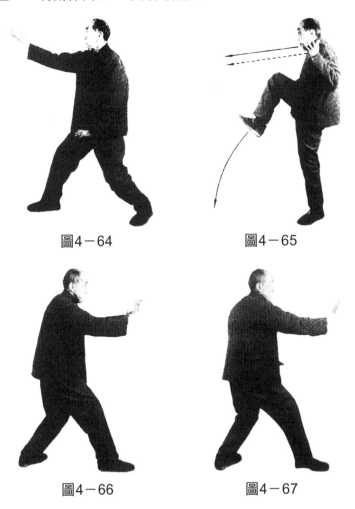

出如虎撲子一般。後腳跟步。眼向前看（圖4－66）。

　　以上諸勢，完成了一個小套路。再繼續演練時，可按
劈拳回身之法，做左轉回身，打出右式劈拳（亦即右三體
式）（圖4－67），然後再從金雞獨立打起，到金雞鬥爭為
止，一切動作同上，唯方向相反。

圖4－64

圖4－65

圖4－66

圖4－67

二、技擊用法及用勁要求

金雞獨立是用「滾手」進擊之勢。前腳進步，後腳拗步，以仰掌擊對方小腹，無論擊中與否，即可用另一手從前手腕下以陽掌（手背朝上）塌出，掌擊前胸，震腳以助力。有指功者，可張開五指平直插入對方胸脅，指功稍差者可用掌力。唯擊小腹時，進步不可過於俯身；打滾手時，縱步宜遠，要穩；獨立時，腰要塌，腿要靠緊，頭要頂，神要貫注。

或者，當對方用右手打我前胸、下頦等處時，我可以用右手背接手，稍向上提，左手隨即從右手下直插對方胸脅，此亦是滾手。若一插不中，或中而不狠，可再速用右手繼續前插，或兩手替換著連續向前插，腳走「半步」，即半步崩拳的步法，此之謂「滾手連擊」。同時，前插要快，要直；後撤之掌要有按勁；出手進步要一致，勁要整，不可散亂，散則無功。

金雞抖翎是肘打，也是胯打。對方以平拳進擊我胸部時，我從外側上步，側身，兩臂內裹以格開對方進擊之臂，隨即下蹲，起肘以擊對方肋下，此名「開弓肘」。裹時要縮身，涵胸，蓄力；肘擊時要將肘抬平，兩肩外開，可用馬步，也可用弓步。若因距離較遠，恐肘力不及，也可改用塌掌進擊對方小腹（參看「八字功」中的胯打）。

金雞上架、金雞報曉二式之用法，與蛇形之用法略同。

金雞鬥爭是發揮雞形振翅之威。

　　如對方以雙拳（或掌）
打來，我可用雙掌自胸前上
穿到高與口平，隨即以仰
掌水平外開，以破對方的
進攻。外開時肩要沉，肘不
可離肋。同時，提膝橫腳，
以扁踩蹬對方之脛、膝、大
腿，或以直腳蹬對方之腹、
心窩。落腳時兩手一齊向對
方前胸撲去，或以虎抱打對
方腋下、兩肋，或以掌平

圖4－68

直前插（圖4－68），可根據形勢，任意施為。唯手足必
須同起同落，才能發出爆發力。老譜云：「打遍天下如老
雞。」指的就是老雞欺鬥之勇、振翅之威、豎腿伸項、伺
隙而進和流血被面而不稍退卻的特點。

三、祛病養生

　　「獨立」之勢是全身用腰勁以協調平衡，充分發揮了
小腦的作用，是對小腦很好的鍛鍊。定勢時為了維持平
衡，必須提肛、縮臀、抱胯，起到了補腎作用。動作時，
用勁縮中有伸，就中有開，使腳跟之力上升，足三陰及陰
蹻、陽蹻之脈氣一齊發動。陰蹻一動，則諸脈皆通，上透
泥丸，下達湧泉（參閱明李時珍《奇經八脈考》）。
　　故常練雞形者，能使下之氣上升，頂之氣下降，散其
精於四肢、神經、血管之末梢，上可補腦筋之不足，下可

醫腿之疼痛，妙用無窮也。

第九節　鷂　形

歌　訣

鷂飛自翱翔，展翅似鳳凰，

十指通經絡，心收腎氣藏。

一、基本練法

三體式開勢，兩手握拳。

左臂往裡裹，右手由下經左臂外往上攢挑，高與眉齊；左手向下往外往上往裡，畫一個小弧，成截手之勢。左腳同時進寸步。眼向前看（圖4－69）。

右腳向後一蹬，前腳前進，右腳再極力向前擁進，立定；左腳提起，緊靠於右踝側。此之謂「疾進」。與右足疾進的同時，右拳平直向前崩出，左手撫於右小臂內側。眼向前看（圖4－70）。

左腳進步，打順式炮拳（或炮掌）。此式謂之「鷂子入林」（圖4－71）。

再進右腳，打右式鑽拳（圖4－72a、圖4－72b、圖4－72c）。此三個式子要連續打，一氣呵成，束身而進，手腳齊起齊落，方能體現鷂子束身穿林之巧也。

再換式時，動作仍同前，唯左右相反。如是左右輪換練習，接連不斷。

圖4-69

圖4-70

圖4-71

圖4-72a

圖4－72b

圖4－72c

二、技擊用法與用勁要求

鷂為最敏銳之猛鷙，有束翅之法、入林之能。在技擊上亦是發揮此作用也。

遇對方以拳掌來擊之時，我右手上攢、引化，腰微向右轉，側身以避其鋒，左臂纏繞而進，自對方外側接住其大臂，兩肩用合扣之力，將身子束成一根細杆，可無隙而不入也（圖4－73）。隨即出右拳，低可打腹，中可打鳩尾，高可打華蓋（圖4－74）。至於是左腳進過步還是右腳進疾步，需視對方後退與否而定。

如對方回拳變招，我則前拳上挑，後手平直打出，隨即側身進一大步，此即入林之勢也。如對方未退，二人相距甚近，也可前足再進過步而直接打入林之勢。

若前手下扣接住對方來拳，上步，後拳以上攢之勁打

對方下頦，如同鑽拳一般，此乃鷂子沖天之勢也。

　　此時若又有敵自背後來攻，我可將前腳向裡扣，急轉身（左轉　圖4-75），右手自面前下扣，左手從右手上攢出，取面（圖4-76）；亦可以用鑽拳打對方下頦，其危自解。

圖4-73　　　　　　　　　圖4-74

圖4-75　　　　　　　　　圖4-76

　　另一方法是：左腳向前邁一步以緩和對方的攻勢，隨即身向前伏。右手順右腿向後插出，左手護面。眼向後看（圖4－77）。勢不停，向右轉身，右臂自外向上纏繞，接住對方進擊的胳膊，如同「截手」一般（圖4－78），然後可用掌或用拳，根據形勢之需要而進擊。以上乃鷂子翻身之巧也。

　　鷂子入林，用力在兩膊。須兩膊一抖一展，側身而進，並非硬打硬進也。鷂子翻身巧在以腰為主，向左、向右、向後，中間皆不要停頓，以腰動帶動兩臂，要和順自然，保持全身動作的完整性。

圖4－77　　　　　　　圖4－78

三、袪病養生

　　練鷂形能收心藏氣，使先天之氣入於丹田。起式兩手一鑽一裹，合肩、涵胸，使腎氣皆凝聚於丹田，進步一個

崩拳，內氣便形成一個丹田→會陰→命門→再丹田的小周天循環，故曰可以藏氣，活腰身，健腎強脊，利水道，通腹氣。全套動作，腰之擺動甚多，先隨兩臂之纏繞而畫圓，再左轉，再右轉，再後轉……兩手掌變拳，拳變掌，十指時放時握，指腕運動充分，手三陰、手三陽，奇經八脈俱動。

換式時，腳尖有上蹺，有外擺、內扣，疾步有提有落，有塌腰、抱胯……能牽動全身經絡，故健身作用甚大。練之順，能自覺全身舒鬆，通暢；練之不順，則感覺渾身如被捆綁，不靈亦不舒暢也。

第十節　馬　形

歌　訣

馬有蹟蹄功，彈跳逞威風，
凝補通經絡，意定氣自平。

一、基本練法

三體式開勢。兩手握拳，左腳向前墊半步，身向前傾，眼向前看（圖4－79）。

右腳向前疾進一步，未落地時即迅速提起左腳，緊靠在右腳踝內側，腳尖上勾，膝要靠緊。與向前疾步的同時，右拳平直向前打出，如同崩拳一般；左拳拉回至左肋下。眼看右手（圖4－80）。

　　左腳邁進一步。左拳向前平直打出，如順式崩拳。眼看左手（圖4-81）。

　　以上三動為一組，要一氣呵成，不可間斷。

　　進右腳，打右式鷹捉（圖4-82）。

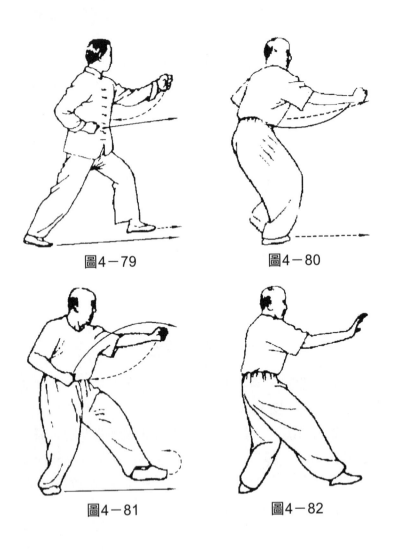

圖4-79　　　　　　　　　　　圖4-80

圖4-81　　　　　　　　　　　圖4-82

再進步換式，與以上動作相同，唯左右相反。如此左右輪換練習。

二、技擊用法與用勁要求

馬有蹟蹄之功，指的是馬走極快時後蹄能超過前蹄。練馬形就是要突出其蹟蹄的特點。故進步時需後腿蹬勁，前腿進步，然後後腳再極力擁進。此是追打之法。下盤走疾步，兩手打崩拳，這是在對方迅速後退時，我用前縱而追打也，亦即老譜云：「起如閃，快如風，追風趕月不放鬆」之意也。

這種練法和打法，前輩劉文華老先生常用之。山西董秀升所記曹繼武先生老譜，也是這種打法。

此外，在實用上還有兩種打法。

（1）設對方以右拳擊我，我以右拳自外側接彼之腕部，並迅速扭轉至拳心向上，滾轉與下壓之勁並用；隨即進左步，以左拳自彼右臂肘彎上方進擊，邊進邊小臂旋至拳心朝下，向右轉腰，左肩向前鬆；右拳亦同時下扣，翻至拳心向下，右肩向下沉，向前鬆。此之謂單馬形，前輩孫祿堂先生用之。

（2）設對方仍以右拳擊我，我左腳迅速前進，兩拳同時一前一後從左向右（自外向裡）裹，貼住對方胳膊，右手貼彼之小臂，左臂貼彼之大臂，順著對方來勢，向回一帶；隨即再順著對方向回掙的勁，往前一送。送時，可內旋小臂，變成拳心向下，兩拳同時進擊對方前胸。此之謂雙馬形，用之者甚多。用時，無論是纏、裹、帶、送、

擊，其勁皆在腰。腰向裡畫一個圈，向前一抖撒，勁即放將出去。效果如何，全在勁之整與否耳。

三、祛病養生

練馬形疾進步，可以增強後腿大筋的彈力，提高足弓之功能。老譜云：「馬奔之形，在腹內為心。其氣順，則心意安定，可以凝神通絡。」練時一縱一停，一起一止，如再配以智顗大師的沖息，則可以疏通心肺及全身壅塞不通之處，尤其是可以調整冠狀動脈的供血情況，改善冠心病的病情。故臨床上常用作治療冠心病、肺心病的輔助功法。

第十一節　猴　形

歌　訣

不是飛仙身自輕，若閃若電令人敬。
看它一身無定法，跳山跳澗一片靈。

一、基本練法

三體式開勢。兩手收回握拳，置於肋下。

左手由胸前攢出。同時，左腳走左擺步，右腳走右扣步。眼看左手，轉身135°（圖4－83、圖4－84）。

左腳向後撤一步，右腳微前進。右手劈出（同圖4－58）。眼看右手。此名「猴掛印」。

圖4－83　　　　　　　　圖4－84

　　左腳向後撤步，右腳隨之撤至左腳內側成虛步，身體
亦微蹲、後縮，成三折形。同時，右手撤至小腹側，肘靠
肋；左手自胸前攢出至口左前約一分米（三四寸）處，五
指張開，如鷹捉物，肘靠肋，頭上頂（圖4－85）。此式名
「猿猴坐洞」。

　　右腳進步，左腳隨之。右手同時向前抓臂，左手收回
肋下（圖4－86）。

　　勢不停，左手復出。右腿極力上提，大腿根與小腹相
觸，腳尖上仰，微停（圖4－87）。

　　出右手，落右足，如打鷹捉一般，左手收回至肋下
（圖4－88）。手足動作要整齊一致。這一系列動作名曰
「猴爬竿」。

　　再換式時，手腳動作仍如上述，唯左右相反，轉身方
向亦相反。如此左右輪換練習。

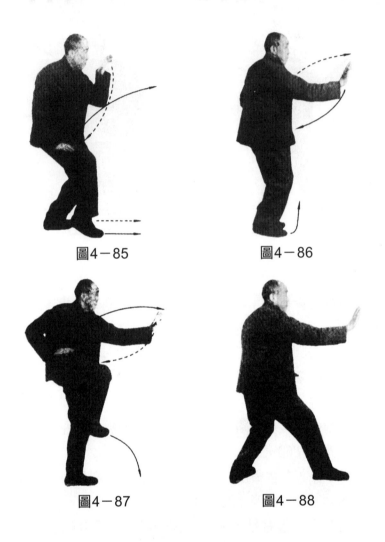

圖4－85　　　　　　　　圖4－86

圖4－87　　　　　　　　圖4－88

二、技擊用法與用勁要求

老譜云：「猴有縮力之法，縱山之靈。」故練時左旋右轉，閃展騰挪，前進後退，縱跳伸縮，總以靈活為第

一，而又不能失其沉著穩定與完整連貫。技擊應用時，也是著重突出其靈活敏捷的特點。

設對方以劈拳或崩拳向我打來，如彼之右手在前，我可用右手攢出自彼胳膊外側接手，下邊右足外擺，左足裡扣，上到對方身體右側，我身向右轉過90°，對準對方右肩「打橫」。可用劈，可用崩，亦可用虎撲，隨意為之可也。此即「猴掛印」之為用。如我身法敏捷，也可一擺一扣跳到對方背後而擊之，則更妙。

「猴爬竿」之為用，如同連環劈拳一般，只是多了一個「膝頂」。設對方用右手崩拳打我，我仍微進右腳，攢出右拳，自對方右側接手；隨即右腳進一大步，右掌向對方後肩劈出，或向對方右大臂用鷹捉之力抓劈之；同時，右腿極力上提，以膝頂對方之肋或胸；前腳落地時，右掌即同時水平擊出。此三下，要快，要連貫，一氣呵成，手腳動作要協調一致，勁要整。

猴形之用，雖與劈拳之動作大體相似，但出手多用抓劈，五指張開，其形如鉤。所取部位亦多在面部或雙眼，不以力勝而以靈巧、敏捷為先。手腳雖起落一致，也有整勁，然而以輕靈為要，不似劈拳或虎撲之落地蹬蹬有聲也。

三、祛病養生

老譜云：「猴形在體內為心源，練之可安心凝神。」又云：「氣機催動身如電，化實為虛此中求。」猴形之動作，需要特別注意保持平衡，所以是一種「平衡鍛鍊」；

同時使內臟受到不大但較全面的抖動，通血化淤。

轉身動作，活動了帶脈，也鍛鍊了全部脊柱神經。走步之擺與扣，腳外緣和內緣交換用力，五陽脈氣全動。坐洞的式子可聰耳通竅，其步法先退後進，身法先縮後伸，有通督通任、走衝脈之功。腳尖點地，動肝脾經，可活血化瘀，去風刮濕。

注意練時宜順乎自然，不可努筋拔力，勉強為之；否則，將心搖神亂而形色失和。在臨床上，對治療冠心病、心率失常等，有較好療效。

第十二節　鼉形

歌　訣

鼉形須知身有靈，拗步之中藏奇精。
腎水上潮濟心火，肝氣疏泄目自明。

一、基本練法

三體式開勢。左腳收回至右腳內側，成左虛步。兩手亦同時握成八字拳，收回置於腹側；不停，左手貼胸前上攢至高與口平，隨即翻至手心向外，隨向左轉腰之勢，向左前方橫擊出去。左腳亦同時向左前方進一大步，右腳隨進，提起與左踝骨平，緊靠左腿內側。眼看左手（圖4－89）。

隨即右手貼身上攢（圖4－90），向右前方橫擊出去，

腰向右轉。右腳向右前方進一大步，左足隨之，提起與右
踝骨平，緊靠右腿內側。眼看右手（圖4－91）。如此左右
輪換練習。

圖4－89

圖4－90

二、技擊用法與
　　用勁要求

老譜云：「鼉有浮水之
精。」練時要特別注意腰脊
之轉動，呼吸之配合，眼神
之變化。其特點在於搖膀活
胯，運動著腰脊、骶尾和命
門。

鼉形之打法均用肘，故
練時其力於肘至為重要。兩

圖4－91

手輪番雲化外開，所以用肩、肘之力以橫勁破對方的直勁。得勢時則進一大步，前手（上之手）雲開對方胳膊，後手以陰掌（掌心朝上）橫斬對方腰、脅。

如對方來勁甚猛且直，胳膊亦不甚低，我也可不去接手，自對方外側上步，側身閃開對方的進擊，隨以陽掌外開之力，橫掃對方軟肋。用時總以搖膀活胯轉腰之力而進擊，方為得體。

三、祛病養生

鼉形之運動，在腹內為腎水，練之可以壯腰、補腎、散心火、消食。兩手臂內旋外翻，陰陽轉換，可以化拙氣，舒筋脈，舒肝氣。頭隨腰手之運轉而左右轉動，可防治頸椎病的發生。眼神之變化，眼球的轉動，左顧右盼，大大調節了眼的神經和血的供應，在防治眼病中起了很大作用，是臨床治眼病的主要配方功法。

練鼉形，是一動無有不動，上動下隨，如風吹大樹，百枝搖曳，故是祛病健身之絕妙功法也。

第五章

八 字 功

拳經云：「練法有八字，展、截、裹、跨、挑、頂、雲、拎是也。」此練法八字，後人稱之曰「八字功」。

八字功是前輩形意拳家在長期鍛鍊與攻防實踐中，總結提煉出來的八個單式，作為個人單獨練功和操手之用。此八個字，一字一種練法，一字一種用法，正所謂「一字一功」。其中有打有顧，有剛有柔。既有將對方之力引進落空的柔化之法，也有乘虛而入、直踏中門的迅直剛猛之舉。如能長期反覆操練，既長自身功力，又可掌握應敵致用的技巧。

第一節　展字功

一、練　法

1. 起式用三體式。左手左足在前，右手右足在後。

2. 兩手握拳，兩臂同時一齊往裡裹勁，小臂外旋，翻至拳心朝上，右臂向前伸，兩小臂交叉，置於胸前，拳心向胸，與肩同高。前腿稍弓，身向前傾，眼向前看。兩胯

要向裡合勁，兩肩向前鬆勁，兩肘向下垂勁，身體如同被捆住一般（圖5-1）。這是一個「合」勁。

3. 腰向右轉，左手向上挑翻，到額正前上方停住，拳心朝外（或散開拳用掌亦可）；同時，左拳自胸前向下、向後連翻帶擰帶戳，至肘關節伸直為度（亦可散拳用掌向後下方塌擊）。左腿蹬勁，左肩向裡扣勁，眼向左看（圖5-2）。這個動作應注意打好一個「開勁」。

4. 左腳尖向外擺，腰向左轉。同時，左臂向左、向上畫一個小圈（用轉腰回身之力帶動），畫圈的同時，左小臂外旋，翻至左手心朝上（或左拳心朝上），肘微屈而向下沉勁；右手握拳下落，置於臍下，拳心朝下，成「截」式。眼向前看（圖5-3）。

5. 上右步，打出右手順式崩拳（圖5-4）。

6. 兩拳兩臂向裡裹，如同本節練法2的動作，唯左右相反。再打左勢展式，左手順步崩拳。

圖5-1

圖5-2

圖5-3　　　　　　　圖5-4

如此左右輪換練習，連續進行，次數不限。

二、用 法

展，有展拓之意，舒展自己之力也，拓張自己的手足也；展字功又名「斬拳」，有斬斷對方進攻之勢而予以還擊之意。《形意拳九要論》中云：「斬捶勇猛不可擋，斬梢迎面取中堂，搶上搶下勢如虎，好似鷹鷂下雞場。」即指此也。

圖5-1的式子是束身而進；圖5-2是兩膀撒開，上挑下打；圖5-3是柔身而進，以左臂裹纏之勁截住對方的進擊，其中暗含著自身後接手的方法；圖5-4是腳踏中門而進，奮起進攻。

在實踐中，這四個步驟可一氣呵成，中間沒有停頓，此時最後之一擊就可不上步打順式崩拳，而是仍進左足，

左手變掌下按，同時出右手打「半步崩拳」。據云，崩拳大師郭雲深老先生，用此一招有獨到之處，是以其勇不可當也。

第二節　截字功

一、練　法

1. 起式用三體式，左手左足在前，右手右足在後。

2. 右腳向右前方跨半步，左腳隨之，向前進一步。與此同時，左手抽回經左肋下向左向前畫弧，至正前方時，左小臂外旋，翻至掌心向上，高與口平，肘向下垂，肘彎曲約130°～150°；與左掌平畫的同時，右手也自然配合著在右小腹前畫一小圈，並以勾拳形式甩向身後，停於右臀後方。眼看前手（圖5-5）。此為左截手。

3. 右腳向前進一大步。同時，右掌自左掌下向前塌出去，左掌則從右掌上撤回，置於右肘左下方，掌心斜向前下方。雙腳成子午步勢停住。眼向前看（圖5-6）。此之謂右滾手。

4. 左腳向左前跨半步，右腳隨向前進一步。同時，右手畫弧向前成截手，右手向左臂後甩勾拳，打成右截手之勢。其步法、手法、動作與本節練法2動作相同，唯左右相反。

5. 左腳進步，左掌塌出成滾手之勢。其動作與本節練法3完全相同，唯左右相反。

圖5-5　　　　　　　圖5-6

　　如此，左右交替輪換著練習，循環不已，次數不限。

二、用　法

　　截者，乃指截斷對方之力，以截退對方進擊之手之謂
也。曹繼武先生所遺《形意拳十法》中第六法所云之「截
手」，指的就是本法。練習時，身體左、右變換要靈，步
法要快而穩，出手中掩肘宜遠，滾手宜速，此是要旨。

　　在實踐中，前邊的截手掩肘（同圖5-5）是接對方之
手，不要硬磕硬碰，一搭手便以我之小臂裏纏住對方小臂
（有把握時可直接找對方大臂則更佳），貴在能和對方接
上勁兒。滾手（同圖5-6）則是以塌掌之力進擊對方肋下
或當心。

　　交手時，形勢千變萬化，故而出手也不要拘泥於成
法。比如掩肘時可以用拳而不用掌；後手可以不必向後甩

勾而是在胸前接住對方腕部，如此則能將對方進攻的手臂拿住，隨即兩臂向裡一合勁，然後向前一搓，兩肩向前一鬆，後腿蹬勁，自能將對方擊出。

　　或者在拿住對方手臂時，順著對方向回掙脫的勁路，打右手拗步崩拳，繼之前進一個寸步，打個左手順步崩拳，如此連擊，十有九中。當然除此之外，還可以派生出其他各種打法，在本書「八門打法」一章中，有較詳細的闡述，可供參考。

　　總之，此功法的中心，在於出手一截一打，截中有打，截即是打。運用之妙，全在個人領悟。易曰：「神而明之，存乎其人」，即此意也。

第三節　裹字功

一、練　法

　　1. 起式用三體式，左腳左手在前，右腳右手在後。

　　2. 緊接著上右腳，打出虎托（圖5－7）。腰向右轉，左手插向右胯，掌心朝外；右手置於左肩，掌心亦朝外。同時，左腳跟進到右腳內側，腳尖點地，成右合肩之勢（圖5－8），名曰「懷抱陰陽」。

　　3. 左手從右腋下順右肘而上，至右腕處，兩小臂交叉，兩手均掌心朝上（圖5－9）。

　　4. 左腳向前進一大步，右腳隨之，置於左腳內側，提起，勾腳尖，摩脛，腳掌與地面平行，相距約3公分～

6公分（1寸～2寸）許。同時，兩手保持交叉狀態向前、向左畫一圓圈，至左胸前停住（圖5－10）。此謂之裏勢。

5. 上式不停，右腳繼續向前進一大步，左腳跟進。同時，雙掌向前平直推出，掌心向前（圖5－11、圖5－12）。此謂之雙撞掌。

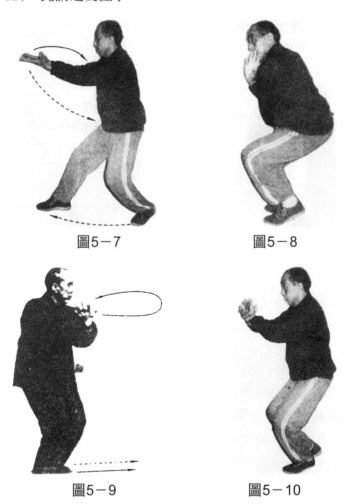

圖5－7

圖5－8

圖5－9

圖5－10

6. 上左步，打左虎托勢。

7. 打左合肩。

8. 打右手裏勢。動作與本節練法3、4完全相同，唯左右相反。

9. 左腳向前進一大步，右腳跟步。雙手向前打出左勢雙撞掌（同圖5－12）。

如此左右輪換練習，次數不限。

圖5－11　　　　　　　　圖5－12

二、用　法

裏，用以圍裏對方手足，使之被捆住，難以進退而失效也。此式身旋力柔，有順勢纏繞而進、以柔剋剛之妙用。

形意《內功經》講勁功時，有通、透、穿、貼、鬆、悍、合、堅八勁之說。裏式是初接對方來手，用穿貼合堅

的勁路，橫豎聯絡，橫纏斜繞，周身合一，剛堅凝結，將對方捆住，使之進不得勢，退則挨打。雙撞掌則是用的通透鬆悍的勁路，在對方被捆而企圖掙扎時，我從柔順之中，養精蓄銳而變出剛直迅猛的進擊之力，一擊而使對方敗北。此正所謂「鬆者勁之漁，悍者勁之萃；鬆如繩之繫，悍如水之清」的勁法之妙用也。

實戰中，根據對方來勢，既可以雙手交叉著裏，也可以雙手開著裏，還可以單手接手而裏。總之裏是柔化，是引對方之勁落空。進擊可用雙撞掌，也可以單撞掌，可用進步、過步，也可以用寸步，發寸勁，全在個人平時如何能得心應手而施之，不拘於一格也。

第四節　跨字功

一、練　法

1. 起勢用三體式，左手左腳在前，右手右腳在後。

2. 上右腳，打右勢虎托（同圖5－7）。

3. 做右合肩（同圖5－8）。動作與裏字功動作練法2完全相同。

4. 左掌自右肘下向上挑畫至前上方，右手置於左臂肘彎處。同時，左腳向前邁進半步，腳尖向外撇，膝微向前弓，重心在左腿，後腳跟欠起（圖5－13）。

5. 左腳用力蹬地躍起，在空中換步，落地成馬步樁勢，右腳在前，左腳在後，面向左。與躍起換步之同時，

左掌向左上翻，左肘向左開勁；右掌向右下方用力塌出，掌心向右，高與胯齊，肘屈曲約為160°左右。眼向右看（圖5－14）。此名「跨掌打」。

圖5－13

6. 向右轉身，右掌成仰掌向前托出，肘微微下垂，右掌置於左小腹前，掌心朝下，謂之探掌（圖5－15）。

左足同時提起，置於右足內側，腳尖點地，成左虛右實的步法。

7. 左腳上一大步，右腳跟進。同時，左掌自右掌下塌出，掌心向下；右手亦同時撤回到左肘內下方，掌心亦向下，成左勢「滾手」。式成後姿勢與圖5－6相同，唯左

圖5－14　　　　　圖5－15

右相反。

8. 進右足，打右式鷹捉；再進左足，打左式虎托。

9. 打左合肩式。

10. 打左跨掌，動作與本節練法4、5相同，唯左右相反。

11. 打左手探掌，再接打右式「滾手」，與圖5－6完全相同。

12. 再打左式鷹捉。

如此一左一右，輪換練習，次數不限。

二、用　法

跨字功在形意拳《九要論》中叫做「跨掌打」。動作如跨馬，是言其形也，實則為托跨之勢，下打之意也。

在實戰中，乃是合肩束身而進，以一手自對方來手之外側向上、向回拎勁，使對方勁使空而自己拔根，氣往上湧。待其後腳跟欠起之時，我則躍起換步，奮力一擊而出之。若萬一一擊不中，對方乘虛而入，我則將進擊之手的小臂外旋、前伸，變為探掌，以接對方來手，而復以滾手擊之。

第五節　挑字功

一、練　法

1. 起式用三體式，左手左足在前，右手右足在後。

2. 上右足，置於左足內側，腳尖點地。同時，兩手「懷抱陰陽」，成左合肩之勢（圖5－16）。

圖5－16

3. 右足邁進一大步，左足跟步。右手同時向右上方挑畫，掌心向左，拇指向上，高不過眉；左手置於左胯旁，向下按勁。眼看右手（圖5－17）。此為右挑勢。

4. 左腳後退半步，右腳亦跟著稍稍後撤成前二後八的小子午步。同時，右手拉回置於右小腹側，左手掌平直打出去（也可挑出去）（圖5－18）。

5. 再進右足，挑右掌（同圖5－17）。

圖5－17

圖5－18

6. 雙手下落，向回抓，握拳，置於小腹兩側。

7. 右腳向前墊半步，腳尖外撇約45°；再進左足，打左式鷹啄。

8. 右足進半步，左腳跟進，置於右腳內側，腳尖點地。同時，兩手「懷抱陰陽」，成右合肩之勢（同圖5－8）。

9. 再重複本節練法3～8的動作，唯左右相反。

如此左右輪換練習，循環不已，次數不限。

二、用　法

挑者，挑開對方進攻之手而乘機擊之之謂也，唯於對方來手較高時用之。拳經所謂「上挑、下砸、中裹橫」者是也。

實戰中，當對方比我個子高大，來手也較高時，我可用兩手連續單挑，而後鑽進去攻擊其胸、脅或更下一些的部位。這種打法，頭要敢於前進才行。

形意拳《九要論》中云：「頭為六陽之首，而為周身之主，五官百骸莫不唯此是賴，故頭不可不進也。」挑開對方的手後，若頭不敢率先而進，則終不能勝。

若對方個子矮小，來手又在我心窩以下時，我可用「懷抱陰陽」合肩之勢，前手從彼來臂上向下穿，夾住他的胳膊而挑打之。若對方樁功較深，挑之不動，則可繼之出後手，擊之以單撞掌或崩拳，甚至可連挑、連打，重複兩三次，對方必被擊退。

第六節 頂字功

一、練 法

1. 起勢用三體式，左手左腳在前，右手右腳在後。

2. 進左腳，右腳跟步。出右拳，打出半步崩拳右勢（圖5-19）。

3. 雙手交叉自胸前向上封到額前（圖5-20），即向左右分開，各經左右畫一個圓圈，仍回到胸前，雙手再一齊向前托出（圖5-21）。同時，進左腳，右腳跟步。

4. 雙肘下垂，小臂屈回，內旋，自胸前翻下，兩手握拳交叉於腹前，拳心朝下。同時，右足進至左足內側踏實，左足變虛（圖5-22）。

圖5-19

圖5-20

5. 左腳向前進一大步，右腳稍稍跟進。同時，兩拳一齊向前頂出（圖5－23）；亦可單用右拳頂出，左手撫於右腕上。

6. 進右足，肘下垂，小臂外旋至兩拳心朝上，再一齊向前頂出（圖5－24）。

圖5－21

圖5－22

圖5－23

圖5－24

注意，上右足與雙拳前頂要同時動作，同起同落。所謂「手腳齊到方為真」者是也。

7.再重複本節練法4、5的動作，唯左右相反。

如此，左右交替，輪換練習，次數不限。

二、用 法

頂之力在頭，故練本功及用本功時，必須頂頭、豎項、垂肩、塌腰、蹬後腿。

此勢為進攻之勢，當打開對方門戶之後，腳踏中門而入，進行連擊時用之。旋臂、翻拳，旋而出，旋而入，如螺杆之進螺母然，既有裹纏的橫勁，又有前頂的直勁。足下進步與半步交替使用，兩拳則頂下、頂上，勢如連珠，必使對方一退再退，換不過勁來。

此功的派生招法則為單頂（又名攢子錘）。足下只用半步，進退與半步崩拳相同；手上則只一個拳頭頂，另一拳護肘護肋，也是一步一頂。頂上時如打鑽拳，頂下時如打崩拳，亦是勢如連珠，令人難防也。

第七節 雲、拎合演

一、練 法

1.起勢用三體式，左手左足在前，右手右腳在後。

2.右腳向右前方進一步，左腳跟進，置於右腳內側。同時，右手自腹前向左、向上畫弧至額前上方，掌心向

前上方；左手亦同時向左、
向下畫弧，置於小腹前，掌
心向上。眼向左看（圖5－
25）。此式謂之「右雲」。

圖5－25

3. 左足向左前方進一
步，右足隨之，置於左足內
側。同時，左手自腹前向
右、向上畫弧至額前上方，
掌心向前上方；右手亦同時
向右、向下畫弧，置於小腹
前，掌心向上。眼向右看（圖5－26）。此之謂「左雲」。

4. 右腳向前上一步。同時，兩手猛向右採，左手在
前，手心朝上，右手在後，掌心朝下；腰向右擰，眼向前
看（圖5－27）。此式謂之「右拎」，有拗步擰身，以橫破
直之妙。

圖5－26

圖5－27

5. 左腳向左前方進一步，做「左雲」；右腳向右前方上一步做「右雲」。動作與本節練法 2、3 完全相同。

6. 急向前進左腳。雙手猛向左採，右手在前，手心朝上；左手在後，手心朝下。眼看前方（圖5－28）。此之謂「左拎」。

圖5－28

7. 再上步，做右雲、左雲、右拎；右雲、左拎……如此左右輪換，雲、拎交替著練習，次數不限。

二、用　法

雲者，言身如雲出回轉之形，掌如行雲流水之飄忽變幻。拎者，受也，言順敵之來勢而拎取之也。是故拎字功又名「捋手」。

實戰中，雲手之用，是用一個橫向的立圈，以化解對方進攻之力，使來力找不到應進攻的方向和著力點，然後我再伺機以直力擊退之（圖5－29）。形意《內功經》有云：「曰橫勁，曰豎勁，變之分明；橫以濟豎，豎以橫用。」指的就是這種用法。

拎字之用是在對方來力上，順其勢再加一個力，同時我則轉腰以避其鋒。對方在受此同方向的外加力之後，將失去平衡而前傾，我則下邊用腿下一個「拌子」（又名鎖

腿），對方必將摔出去，這就是撐身拗步的作用。俗云「順手牽羊」者是也。若對方感覺靈，變化敏，而能不致前傾，及時撤回，則我用「拎字功」的後手便順其後撤之勢而伸臂轉腰一擊，亦甚為有利也。

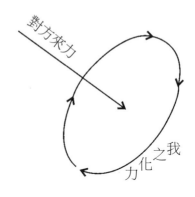

圖5－29

八字功是八種基本招法，從其中又可生生不已，派生出許多打法，各人有自己的體會和妙用，不能一一列舉。許多武林前輩都認為形意拳講的是「勁路」，而不是追求「招數」，這無疑是正確的。然而「勁路」畢竟還是要借助於各種不同的運動形式——即招法，才能體現出來，沒有運動形式的「勁路」是不存在的。八字功便是用以施展形意拳「勁路」的基本招法，若能認真練習，悉心揣摩，識得其中三昧，則不論對於增長功力抑或掌握實戰技術，都是大有裨益的。

第六章

形意拳的勁道

「勁道」是拳家術語，形意拳最講勁道。平時練拳走架時，對姿勢動作上的嚴格要求，是為了能夠打出正確的勁道。

在攻防格鬥中，前進、後退、走化、發放，以及一切技巧、招數之應用，都必須以正確的勁道為前提。沒有勁道這一堅強的後盾，一切招數都不能發揮其應有的作用。所以勁道者，實乃形意拳之精髓也。

第一節　力和「勁兒」

力，是兩個物體相互作用的結果。兩個拳師放對時，必須在二人接手後，相互間才能產生力的作用。如果把人作為一個沒有知覺的剛體看待，當他受到一個單一的、不變的外力作用時，其最終狀態，由外力的大小、方向、作用點和作用時間、距離等許多因素來決定。

外力的大小和方向，決定受力者所產生的加速度的大小和方向；外力的作用點決定受力者是否產生轉動，以及轉動的角加速度的大小和轉向；外力作用的時間和距離決

定受力者最終所獲得的速度和動能的大小。這些因素的綜合效應，就決定被擊者是以什麼狀態跌出去的。

如果被擊者所受的不是一個力而是多個力，則我們可以使用牛頓的「力的獨立作用定律」將這多個力合成個「合力」和一個「合力偶」，合力和合力偶的大小、方向等因素，就決定了被擊者跌出去的狀態。如此人所受的外力是多個變力，即力的大小、方向、著力點等都隨時間的不同而不斷變化的，那麼被擊者受力後所產生的移動加速度和轉動加速度，也必然是隨時間的不同而變化著的。

其最後以什麼狀態跌出去，將由合外力和合外力矩的作用在最後消失時的那一瞬間的狀態而定。

以上的分析，是把人作為一個沒有知覺的剛體看待，是最簡單的情況。事實上，人不是剛體，也不是沒有知覺的，人會透過在思想支配下的肌肉運動來傳遞外力，在受到外力作用時，也會透過思想支配下的肌肉活動來進行抵抗。於是，問題就複雜得多了。

人體的一切運動和一切形式的發力，都是肌肉收縮的結果。有些動作，不是一個或一組肌肉的收縮所能完成的，必須由多個或多組肌肉在神經系統的支配下相互配合，共同完成。在完成一個動作中，功能相同的肌群叫「合作肌」。功能相反的，即產生相反運動的肌肉，叫做「對抗肌」。合作肌的收縮應該與對抗肌的放鬆密切配合，動作才能圓滿完成。肌肉收縮的結果，並不是總能引起骨骼的運動，有時只是使骨骼更牢固地停留在原來的位置上（在武術術語中叫做「定」或「拒力」），以保持固

定的姿勢。

　　人的發力過程是個複雜的過程：首先是大腦皮層高度興奮，由運動神經指揮肌肉快速收縮；同時，交感神經也強烈興奮，促使腎上腺素加速分泌，以加強血液循環和呼吸系統功能，使血液中保持充足的氧氣和產生能量物質，以幫助肌肉收縮做功；同時，腎上腺素的大量分泌又轉過來刺激了大腦皮層，使它的興奮程度提高，更有利於肌肉收縮。這個過程可以用方塊圖表示如下。

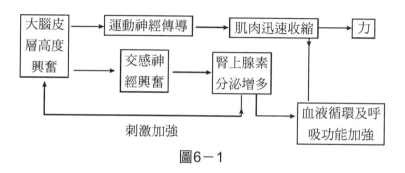

圖6－1

　　二人較勇時，攻防形勢的急劇變化，形成了對大腦皮層的刺激而使之進入高度興奮狀態，兩人都在各自思想意志的支配下，透過神經系統和內分泌的作用，而發出隨鬥爭形勢的需要而不斷變化著的力。這種力就叫做「勁兒」。

　　透過長期內功鍛鍊的武術家，在內氣鼓蕩、飛騰的情況下，大腦皮層和各種內分泌的功能特別強，神經系統的感覺和反應特別靈敏，肌群的伸張、收縮高度自如，甚至有一部分原來是不隨意肌，也發展變成了隨意肌，因而與

對方剛接觸，則可由感覺察知對方發力的大小、方向、著力點和將要變化的趨向，並能非常及時地做出適合當時形勢的反應來。這就是「意動、氣動，形隨氣騰」。

由於其變化靈敏迅速，所以有曲有直，有剛有柔；既有定向，又無定向，變化無窮，令人難以捉摸。由於其迅速自如，故可以掌握有利時機，使全身肌群於同一時刻向同一方向發力，而且此時機是對方最不穩定的時機，發力方向和著力點則打在最易使對方喪失平衡的位置，一發而威力驚人，這就是「內勁兒」。

此勁兒說來易懂，然而非有深厚的內功基礎，且在名師指點下進行長期鍛鍊者，不可得也。

第二節　形意拳的內勁

形意拳精髓之所在是「精、氣、神」。拳經云：「氣充則神旺，氣暢則血融，血融則骨強，骨強則髓滿，髓滿則腹盈，腹盈則下實，下實則步健。動作不疲，顏面常春，此內勁之真諦，亦內家拳之精髓。」其基礎仍是「氣」也。形意拳名家郝家俊先生說：

意之所發謂之氣。氣之所使，任手足意，相關相生。心意為主宰，以氣行使之。氣之表現謂之勁，勁借四肢以發揮之。

所以形意拳內勁之由來，即拳經所云之「內三合」也。馬禮堂先生說：

內勁之生，全在內外相合。有諸內，必形諸外。內要

靜，要固精神，才能保證真氣之通暢調達，周流不息。外
要鬆，必先鬆而後才能緊。遇敵發勁不能使拙力，要先放
鬆，再動，才能表現出內三合之大用。要充分利用脊柱的
彈性作用，才能做到力由脊發，斷而復連，循環不斷地發
出一系列隨形勢需要而變化著的力螺旋。這些力螺旋是非
常縝密的，莫見於隱，莫顯乎微；一觸即變，微妙之極。

　　形意拳的內勁，在《內功經》上，用通、透、穿、
貼、鬆、悍、合、堅八個字來說明（參見《內功經注
解》）。能做到這八個字時，發勁便能有剛有柔，剛柔互
濟，往來纏繞，綿綿不斷，鬆緊蓄發，吞吐自如，周身一
家，橫豎互變。這就是形意拳內勁的全貌。

　　形意拳前輩單刀李存義老先生，講形意拳內勁時，提
出內勁有明剛、暗剛；明柔、暗柔之別。

　　所謂明剛，是指渾身神氣動作皆形之於外，手如鋼
鉤。接手時，其力直透入對方骨裡，使人難以抗衡。

　　所謂暗剛，是指起落鑽翻動作甚為自然，出手亦覺柔
和，一旦氣沉力發，能使對方如觸電一般，心中發顫。

　　明柔者，看起來動作柔軟無力，但神氣毫不散亂，內
外如一，動作十分輕靈，無論打上去或撞上去，均感到似
有似無，令人無處著力。

　　暗柔者，神氣威嚴，動作沉穩，移動時如重物回蕩，
旋轉如鋼球磨研，身上似乎硬，打上去卻又動轉靈活，無
處著力。與之接手後，感到其胳膊如外包橡皮的鋼絲，將
人捆住，百般不得勁；等他隨便一晃蕩，便可將人跌出
去。

　　二人較勇，兩勁鬥爭，其勁路的變化還可以分得更細緻些。按照用法之不同，一般地可分成十二個勁：

1. 永　力

方向不變，堅持不已，照直而進。

2. 綜　力

鋒棱涵於內，光芒露於外，內中充實，將發而未發。

3. 速　力

往來飛馳，如彈彈而彈之顫動。

4. 銳　力

直前而鑽進，如螺絲釘然。

5. 攝　力

粘住不放，與對方之力相連，壓將進去。

6. 激　力

如水鼓浪，洶湧而至。是長勁。

7. 超　力

倏然而至，一瞬即過，如鋼條彈出。是畫勁。

8. 撲　力

以自身重量及速度撲之，如虎撲食。

9. 裹　力

拳打包裹不露，走出上下左右相合之勁。

10. 束　力

將自身合成一條細杆，如鷂子束身而進，無隙不入。

11. 踩　力

足踏之力，氣沉踐重，如踏毒物。

12. 決　力

當機立斷，勇往直前，金鋒直陷，寧折不屈。

這十二個勁是混在一起的，每一出手，十二個勁俱在其中，混混沌沌，剛柔不分。根據敵我形勢的變化，需要哪個勁，就出哪個勁。

發勁的要領是，抖擻如雞之抖翎，撲按如虎之攫食，躦身如伏龍升天，縱力如彈丸出膛。非有內功基礎者，不能得內勁之妙；非得內勁之妙者，亦不能得此發力八字之趣也。

第三節　勁之運用——四兩撥千斤

或問：「形意拳老譜云：『氣連心意隨時用，硬打硬進無遮攔。』講的是崇尚剛猛，何必四兩撥千斤？」

曰：非也。所謂硬打硬進無遮攔，以及看人如蒿草等，指的是武術的心理學訓練。要練出這種氣魄，才能在應用時以意領先，氣貫四梢，勁才能放得出來。並不是叫人不看客觀形勢的需要，一味胡打亂闖。應知二人較勇，身材有高低，體重有輕重，本力有大小，氣質有強弱。為了增大取勝的把握，講究點技術，講究點以慢勝快，以小力勝大力的方法，是完全必要的。

技擊運動的全部過程，就其力學本質來講，是平衡與不平衡這兩種運動形態交替變化的過程。就自身來說，受到了重力、地面反作用力和來自對方的對抗力等三個外力的作用。外力合力的作用，將使我產生沿著該力的方向位

移和加速度；外力合力對我重心的力矩，將使我的身體產生與力矩同方向的轉動。對於對方來說，也是如此。這是力學基本原則，不以個人的意志為轉移。

技擊之所以謂之「技術」，或者說技擊之「奧妙」，就在於如何能動地操縱和改變上述三種外力的大小和方向，並巧妙地運用上述兩個原則，使之產生有利於己而不利於對方的效果。說得更具體點兒，就是：對方力量雖大，我可以設法讓他發不出來；即使能發出來，也放不到或不能「完全」放到我身上。我之力雖小，但能全部發揮出來，而且能放到最易牽動對方全身的部位，指向最易使對方傾跌的方向，發力時機又恰好是對方自身最不穩定的那一瞬間。如能做到這一點，則在我身上被打擊之處，對方的力量總是小於我的力量，我是以大力禦小力；而在我向對方進攻的方向上，我力總是大於對方之力，我是以大力打小力。

換言之，從整體上講，對方之力大於我之力，我是以弱敵強；但從二人互相接觸的局部上來看，則是我之力大於對方，甚至大過甚多。在此基礎上，如能再利用人身生理特點和力學中的槓桿、螺旋、斜面等省力措施，則效果將更為顯著。這就是「四兩撥千斤」的奧妙之所在。

現在不妨舉幾個具體例子，以資說明。

一、接其梢節，制其根節

以上肢言之，肩為根節，肘為中節，手為梢節。習慣上，從肘以下至小臂和手，都可以叫梢節，大臂和肩關

節，都可以叫根節。

從生理角度來看，肘關節中的肱關節為滑車關節，只可繞額狀軸做屈、伸運動；橈尺關節為圓柱關節，只能繞垂直軸做內旋、外旋運動；肩關節是典型的球窩關節，其活動範圍較大，繞額狀軸可做屈伸，繞矢狀軸可做內收外展，繞垂直軸可做旋內旋外運動。因此，在運動（技擊）中胳膊的活動，主要是以肩關節為中心的旋轉運動。

在技擊防禦時，如接其梢節，則獲較長的力臂，可以用較小的力產生對其肩關節較大的力矩，而易於將其臂引開。為了防止對方變換方向，繼續進攻，應該同時用另一隻手自對方大臂外側橫向加力，制住其大臂到肩關節這一段胳膊（根節）用力。因為其根部很小的角位移即可引起其梢節較大的線位移，若約束其根部使不能動轉，則其整個胳膊便將失去進擊的能力。

不過，制其根節時，由於我力對其肩關節的力臂較短，需加較大的力才能奏效。彌補之法，通常是以我之小臂內側斜搭於對方大臂外側，隨即屈肘、鑄肩，用我腰部之旋轉以抵制其大臂之外展，這樣便成了以我之腰力對付對方之臂力，仍是以大制小，當然會佔優勢。

二、纏繞滾轉，引勁落空

這種辦法，是把自己安排得像一個三相陀螺式的圓球，可繞互相垂直的三根軸自由轉動。只要對方進擊之力不是「絕對」地對準了此陀螺的中心，則必由於球之轉動而被滑開。若想使進擊之力能恰好通過球心，是很不容易

的，何況我還在不停地運動著。這就叫「以球為體」。當我要進擊時，發力用螺旋勁，無論手、臂、身軀，都像螺釘鑽木頭，擰著往裡進，利用了斜面原理，便可無隙而不入，力小而效果大。這就叫「以螺絲為用」。此二者可以作為攻防運動總的原則。

比如對方以右崩拳進擊我前胸，其力甚大，我可以右臂拳上肘下用腕部立著接住對方右腕以上部位（圖6-2），隨即向上領，同時伴以內旋外撥；與此同時，左足稍進，向右轉腰，右手順對方來力稍向後帶。此時，我加於對方右臂上之力有三：向上之力F_1，向對方左側之力F_2，及向後帶之力F_3。在接觸點A，此三力之合力為R。合力之方向，即圖6-2中箭頭AC的方向。

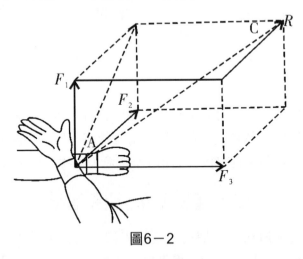

圖6-2

向前之力（即進擊之力）雖極大，但其豎向及橫向是無力的，因為任何人不能同時向三個互相垂直的方向發

力。故我加於對方右臂上之力 F_1 及 F_2 雖很小，其效果則很大；且此三力之大小不定，其合力R之大小及方向也就不定，難以捉摸，對方之力雖大，亦無所施其抗衡之能也。在此三力的作用下，對方的右臂將被化出而沿我之右上方（即AC的方向）向後滑去。至於我進步與轉腰兩個動作，也是有一定目的：

其一，使我右臂做滾轉外開時，減少繞肩關節的活動幅度，使我的胳膊處於生理的有利範圍，便於發力；

其二，使我身體更接近對方，便於還擊。當對方感到力已發空，不得不往回抽其右臂時，我便可順其抽回之勢，貼著對方的胳膊，用旋臂的螺絲勁打進去，這就解決了以小力破大力的問題。

再者，此時很可能出現另一種情況，即當我初接手時以右小臂滾壓對方右臂時，對方出於條件反射而向上挑，這將使對方更為不利。因為從生理學角度來看，對方直臂上挑，主要依靠三頭肌的收縮力，這是費力動作，同時也易於被我以右手上引，出左拳打其極泉（心臟主要穴位）或章門（肝經主要穴位）。如對方屈肘上挑，肘必下垂，我可乘隙以左拳順其肘彎進擊其乳中穴、俞府穴或華蓋穴，右拳亦可順其上挑之勢進擊其面部或右頸部（頸大動脈在此），如此則更易體現發力小、收效大的效果。

三、避其銳氣，擊其墜歸

如對方是一個體重極大、本力很強的對手，用右手崩拳打我前胸。如前所述，彼向前進擊之力愈大，越快，則

沿其進擊的垂直方向上便越顯得無力。我可以用很小的力將其右臂向上一托，同時身子微微下蹲，鑽進去搗其肋下。如對方身體矮而粗，我不易從下方鑽入，則可以一手加側力於其梢節將拳鋒引開，另一手自中路點擊其章門穴或華蓋穴。

這都是以小力破大力的例子。必須說明，以上幾個例子，只用以說明以小力破大力的科學根據，它只是技擊動作中的局部和片斷，而不是一個完整的過程，更不能代表技擊的全部。

關於「四兩撥千斤」的問題，理論並不深奧，做法也不複雜，然而欲恰到好處，卻也大非易事。因為其中還有兩個極為重要的因素需要引起注意。一是「時機」，二是「分寸」。

接手引化早了，對方就撤回去跑了；引化晚了，就挨了打。引化時，引化不夠則往往發而不中，至少是發不舒暢；引化過火了，自己將由於「背」反而會被動或受制。攻防形勢，瞬息萬變，勝敗之機，係於幾分之一或幾十分之一秒，是很不容易被抓住的。解決不了上述兩個問題，「四兩撥千斤」仍是一句空話。要解決這兩個問題，對初學者來說，應從兩個方面入手。

1. 肢體的分工與配合問題

技擊中，肢體的運動軌跡，往往是幅度很大的空間曲線，而人體各個關節的活動幅度都有其一定的生理限制，若再考慮到只應該使用其最有利於發力的狀態時，則其活動範圍將更小。怎麼辦呢？最合理的分工是：「手顧上

下，腰司左右，腳管前後。」兩手還要有嚴格分工，以人體中線為界，左手管左半邊，右手管右半邊，各要恪盡職守，勿越雷池一步。這就可以基本上保證周身各關節能夠常處於其有利於發力的活動範圍，使化的動作不致有過與不及，避免出現「悖謬」的情況。當然在運動中，手、腳、腰身的協調配合，是需要經過刻苦鍛鍊的。

2. 放　鬆

這是任何拳種都要求的問題，不獨是形意拳而已。在技擊中的每一動作，都是以肌群協作的形式完成的。其中原動肌和協同肌是完成動作的主力，固定肌以自己的收縮肌為其他肌肉建立支撐條件；對抗肌則應充分放鬆以避免對運動起阻礙作用。

為了發力大而且速度快，那些該收縮的肌肉一定要收縮夠，不該收縮的肌肉則必須全部、徹底放鬆。動作變化時，各肌肉的任務也將隨之變化，原來的對抗肌可能變成防動肌或協同肌，其狀態則必須由放鬆而變成收縮；原來的主動肌也可能變成了對抗肌，其狀態則必須由充分收縮變為徹底放鬆。這些變化完成得越快，則我們的技擊動作才能迅速而靈活。所以只有會放鬆的人，才有可能發出大的力量和具有大的運動速度；有了大的速度，才能將自己發出的力放到對方身上，也才能談得上放的位置和發力方向是否恰當。

一般人，由於長期的生活習慣影響，肌肉總是收縮容易放鬆難，所以在日常練習中，應把放鬆訓練放到重要的位置上來。

　　最後，還應著重指出，有了「四兩撥千斤」的妙用，也絕不可忽視對力量和速度的訓練，更不能否定力量和速度在技擊中的作用。二人接觸，必有力的作用產生，既有力的作用，必然遵循力學的基本原則，這是不以人的意志為轉移的。不管我們的技術多麼高超，而在力的作用方向上必然是大力勝過小力。在我欲順對方之力進行引化時，我的速度必須超過對方才能起到引的作用；當我欲順對方回抽之力而進擊時，我之速度也必須超過對方回抽的速度，否則便放不到對方身上。所以，力量和速度乃是技擊的「本錢」，不能忽視。

　　多一份力量，便多一份資本；多一份速度，便多一份技巧。力量與速度，雖非取得勝利的決定因素，然而是決定勝負的重要因素，這是不容懷疑的。

第七章

八門打法

形意拳打法，素有「八門」之稱。何謂「八門」？即人體頭、肩、肘、手、腳、膝、胯與臀尾八個部位是也。此八個部位，在技擊上各有其特殊的用法，實戰中又往往是綜合運用，互補互根。然對日常練功，尤其是對初學者，還是以分別鍛鍊為宜。

下邊，將此八門打法之歌訣、解釋及具體用法，作簡明介紹。

歌　訣

頭打落意隨足走，起而未起占中央，
腳踏中門搶地位，便是神仙也難防。
肩打一陰反一陽，兩手只在洞中藏，
左右全憑蓋他意，舒展二字一命亡。
肘打去意占胸膛，起手好似虎撲羊，
或是裏撥一旁走，後手只在肋下藏。
拳打三節不見形，若見形影不為能，
鑽橫裏撥隨機變，手到勁發妙無窮。
胯打中節並相連，陰陽相合須自然，
外胯好似魚打挺，裡胯搶步變勢難。

膝打幾處人不明，好似猛虎出木籠，
合身輾轉不停勢，左撥右轉任意行。
腳打踩意不落空，消息全憑後腳蹬，
與人較勇無虛備，去意好似捲地風。
臀打起落不見形，猛虎坐窩藏洞中，
臀尾全憑靈氣精，起落二字要分明。

【注解】

俗話說：「蛇無頭不行」，又常說：「馬首是瞻」。蓋頭為百骸之主，頭頂項領，而軀幹四肢乃得隨之運動。頭之發勁最大最整，豎項、塌腰、蹬後腳，自頂至腰而至後腳跟，成一條直線，氣自湧泉可直貫百會，而渾身之整勁亦自然從百會發出，又直又整。但頭打之前提是身要鑽進去，而進身之前提是腳踏中門而入，如蛇吸食。故頭打必須占中央，擊對方之「中」，方為得法。但用頭打亦頗不易，要以手之撥攔打開門戶，以腰之轉側為之鑽身，以足之蹬蹬搶佔地位，然後才可頭一發而成功。若盲目冒進，也有相當危險，不可不慎重。

肩打為靠打之一種，又叫陰陽膀。肩向裡扣為陰，肩尖向外開發勁為陽。發力時一扣一開，方為得力。將對方胳膊向下捋，順勢進身以肩向前擊去，謂之「搗肩靠」。撥開對方手臂，束身而進，以肩擊對方胸部，謂之「隱身靠」。伏身以肩擊對方雙臁（即小腿骨），謂之「七寸靠」。晃腰、緊背、開肩，以兩肩遞次回擊背後靠近之敵，謂之「背身靠」。

此外如燕子抄水、白蛇抖身等，皆可以用肩打。無論用哪種靠打，都必須搶步進身，才能得勢。因此，接手後就要捨己從人，不能憑主觀意志貿然行事，要因時因勢而變換，能進、能退、能隨、能化，始終我意在先，蓋住他意，先隨後進，鑽進去打，即所謂蓋他意也。

發勁時，腰腿一齊展開，不能有一點拘謹之處，勁兒才能放得出去，勁能發出，方可言擊人，故謂之「舒展二字一命亡」。為了謹防對方打我兩肋，故我手我肘必須置於肋下，即所謂只在洞中藏也。

肘打也是近打，以進擊對方胸、肋為主，在被擠住而十分近身時用之。雙肘橫開以擊對方肋下，謂之「開弓肘」。舉肘置對方大臂下而用力上揚，另一肘扣住對方小臂下壓，謂之「架梁肘」。進左步，同時以右肘向前撲擊對方前胸，謂之「撲肘」。雙肘裹纏而進，攻擊對方前胸，謂之「研磨肘」。

除用肘直接可向對方進擊之外，還可以肩肘裹撥之力來破壞對方的進攻。裹撥的同時我身子即可滾將進去，這是很好的「打即是破，破中有打」的方法。形意拳有「拳不離心，肘不離肋」的規定，故一手起肘進擊時，另一手應放在起肘的肋下，以為補充。

以拳打人，要三節齊動。何謂三節？以上肢言之，手為梢節，肘為中節，肩為根節。出拳時手先動，肘隨之，肩催之，則腰腿之力可直達指梢而成一體，手到力發。雖是以拳擊人，而肘與肩要隨時予以補充。手被撥開即以肘繼之，肘發空則以肩繼之。隨身之進，拳、肘、肩相遞進

攻，如連珠炮，拳之出擊，要靠肩肘之相助；而肩肘之進攻，又必以手之撥架為之開門，互相依賴，互相補充，這就是「上節不明，拳無所宗」的意思。

以人體全身而論，胳膊為上節，軀幹為中節，兩腿兩足為根節。故胯打者，實乃以中節打人，腰胯之力併發也。胯打有裡外之分，外胯打人，要用自己的胯尖去找對方的胯尖，找準時，不偏不倚恰恰對上，發一個萃勁，如鯉魚打挺，一下子可把對方摔出去，乾淨俐索。用裡胯打人，必先將步搶上去，類似前邊講的過步，將人逼住，使之不能變化，隨即以裡胯將人擊出。如未曾逼住，切慎勿發力，此時對方只須將腰胯一轉，即可破解，雖發亦不能成功，反而易為所乘。必須換步自然順遂，陰陽相合，得機得勢，才能一放成功。

膝打主要是打襠、打腹、打胸。時機合適，步子也進得去，便不需用力，抬膝便能成功。如白鶴升天、猴捯繩，都是膝打。比如我左足在前，對方上右足以右手攻我，我接手後向上向後順勢一領，即進左足，進到對方右腳外後方，右膝一抬即可擊中對方胸腹。雖只是隨便一抬，而其勢之猛不可擋也。膝打雖直猛矣，然必身法靈，步法活，兩手左撥右轉，隨身合胯，方能得機得勢。勉強以致之，則頗多危險。

足打時，前腳要有蹬勁，後腳要有蹬勁。其勢之進如朔風捲地，百草俱折。形意拳多用踩打，或立踏對方腳背，或偏踩對方兩臁，如狸貓上樹、烏龍擺尾，都是腳打。一般高不過膝，這就是「起足望膝」之意。

　　祁州張鑒塘先生將張兆東老先生的腳法加以發展，增添了多種打法。如我上用兩手劈砸，進左腳，以右腳橫著直向對方脛骨蹚去，謂之「擁腿」；左足在前時，後腳微跟，隨抬左腿橫著以腳尖外擺掃襠，謂之「抖腿」；我左足在前時，上邊用一個小鑽劈，右足即橫著踩對方膝關節，謂之「探腿」；我左足在前時，左掌上托對方肘部，身向右傾，順勢抬左腿橫著向對方腰胯蹚去，謂之「跺腿」。凡用足打，只要得機得勢，便需立刻發招，要速、要準、要狠，萬勿遲疑。蓋一足著地一足抬起，遲則生變，動不靈而身不穩，易為人所乘也。

　　拳經云：「臀尾是一拳。」臀尾打法在於氣之起落。發勁時，尾閭向前送，向上翻，提肛，氣聚丹田，猛力向後一催，其勁自出，如鮐之豎尾。非對內功練之有素者，無能為也。

　　昔日耿誠信先生初自正定來北京，友人某武師欲探先生武藝之高低，乘先生面壁洗臉之機，自背後以腳猛踢先生臀部，自以為必能得手。殊不知先生並未回身接勢，只借洗臉時低頭變腰之勢，以臀尾在接住對方之腳，身子輕輕向後一坐，便把對方打出，直跌坐於門外，一時轟動，傳為美談。此乃用臀尾打法的典型事例。

　　以上是為了使初學者便於理解，將打法分為八門，一個個單獨加以說明。需知人的渾身上下是一整體，一動無有不動，一發無有不發。一肢動則百肢隨，牽一髮而動全身。所以應把八門打法看做是個整體，不要硬性分割。

　　事實上，拳打之時，腳要起動轉挪移走的作用，膝要

縱力；頭打時，手要發揮其撥轉之能，足要發揮其行程之功，否則頭也打不成。

在進攻時，周身上下要一致地發揮其「打」的作用，只不過在不同情況下有所側重而已。所以學者要透過單練、合練，熔八門打法於一爐，意在何處，何處打人，不假思索，應物自然，方能得八門打法之妙用也。

形意拳八門打法是該拳種技擊法則的精髓。研習這些打法，有助於加深對拳式技擊含義的理解，提高演練水準。掌握這些基本技法，可資研習散打時參鑒，突遇危厄時自衛。學拳悟此，方可收舉一反三之功效也。

第一節　手（拳）打

拳之出擊要靠肩肘為之助力，肩肘之進擊又要靠拳、手為之打開門戶，三者互相依補，此即拳打「三節」之意也。

一、勁　道

用拳打時有六種勁道，不可不知。

1. 平直勁

拳平直擊出，以中平為宜，貴在迅、猛、剛、直（圖7－1）。

2. 上斜勁

拳向前上方斜著擊出，以滾鑽而出、滾鑽而回為宜（圖7－2）。

圖7-1

圖7-2

圖7-3

3. 下斜勁

出拳斜向前下方，用的是下壓前銼之力或如斧下劈之力（圖7-3）。

4. 裏橫勁

拳發橫向之力，向內或向外裏撥。此力貴在形似直而力實橫，所謂「起橫不見橫，橫以濟豎，豎以橫用」者是也（圖7－4a、圖7－4b）。

圖7－4a　　　　　　　　圖7－4b

5. 上挑勁

以拳上挑對方進擊之手。以上臂立旋而上為宜，亦可用拳的食、中二指屈後大骨節向上擊對方的內關、大凌……諸穴。

6. 斬截勁

破對方進擊之崩拳時常用之。其法為以我之兩拳自對方胳膊外側輪流下砸對方之寸口、曲池等穴。用時要快、猛、準、狠。

以上說的是勁道。下邊再說具體打法。

二、打　法

1. 以崩還崩拳

當對方進右步以順式右崩拳打我時（中平拳），我可以不動步或前腳進寸步，而以左拳從對方右小臂之上緊擦小臂以崩拳進擊對方右肋或中脘（圖7－5a、圖7－5b）。此時要用我左小臂尺骨壓住對方小臂，向前用力銼去，如銼刀一般。這便是拳經所云：「去如銼」之勁。如我出手及時，能將對方「吃」住，一發便可成功。

圖7－5a　　　　　　　圖7－5b

2. 裹臂鎖打

如對方仍是用右順步崩拳打我，來拳在我中脘以上、下頦之下，我可用右手接住對方右腕（或小臂）內側，以左小臂立著接住對方大臂外側，外旋內裹，與右手相合，

兩肩合勁便可將對方右臂鎖住（圖7-6）。

此時如能同時從對方右足外側進左腳將對方右腿鎖住則更妙，雙手向前一送即可將對方擊出。

3. 鎖臂平擊

如上述，在我鎖對方右臂而尚未鎖緊之時，對方如想往回抽右臂，則我可右手敞掌下扣其小臂，右拳順其後撤之勢，向彼前胸平直擊出（圖7-7）。若得勢，可再以左足進寸步，右拳出崩拳連環擊之。

圖7-6　　　　　　　　圖7-7

4. 鎖臂鑽打

如上所述將對方右臂鎖住時，如對方被鎖而不用強力掙扎，只將右臂放鬆，墜右肘，想順勢化開，則我以右手吃住對方右腕；同時，以左拳從對方右肘彎之上向對方下頦或面部擊去（圖7-8）。

對方如向後仰其頭以避我左拳，則我可再出右拳直著

擊其前胸，如圖7－7之勢。

5. 挑　打

　　如對方以左右兩拳連續打我頭部、面部，則我用兩手
左上挑、右上挑（圖7－9、圖7－10），再迅速以右拳平直
擊其前胸（圖7－11），此即「鷂子入林」之勢是也。我如

圖7－8

圖7－9

圖7－10

圖7－11

圖7－12   圖7－13

能眼快手疾，也可在左手上挑的同時出右拳擊其前胸（圖
7－12），此即右式炮拳之為用也。

　　也可上左腳鎖住對方右腿，以左拳進而接住對方右大
臂內側，向左、向前滾鑽；同時，右拳平直擊其前胸（圖
7－13），雙手同時發勁，後腳用力向後一蹬，則對方將完
全失去抵抗而被擊出甚遠。

　6. 展（斬）打

　　當對方以拳進擊我之上胸、頭、面等部位時，如對
方來的是右拳，我可用右手接住對方後腕向上一領，進左
腳鎖彼之前腿，頭從對方右臂下鑽進去，以左拳（掌）橫
擊對方小腹或襠部、胃部（圖7－14），腰向右擰，兩膀抖
勁。此即「金雞抖翎」之為用也。

　　若能將對方一擊而出之，自不必說；若對方向後坐腰
撤手，我可順其勢以左臂上挑，右手以崩拳平直擊出，直

取中脘，成右炮拳之勢（同圖7－12）。

7. 劈　打（下砸）

當對方以崩拳進擊我中脘、軟肋等處時，因其來拳較低，挑、裹均不得力，此時可自彼來手之外側以我前拳下砸其寸口，再急進步，以另一拳下砸其曲池（圖7－15、圖7－16）。

圖7－14　　　　　　　　　圖7－15

圖7－16

兩拳下砸之力要猛要快，如暴風驟雨，連續而來。彼被砸而抽回右臂時，我再順其勢出右平拳、左平拳，連環進擊之。

圖7-17

8. 蹲 打

當對方來手較高時，我可快速下蹲以避其鋒；同時，出拳擊其下部（圖7-17）。

用此法時下蹲一定要快，一拳出擊，另一手也可上護其頭或下防對方足踢。

9. 雙手撲擊

當對方以雙掌撞擊我前胸時，我可以雙臂接其雙手，向後引其勁；同時，我肩外開，胸、頭挺進以蓄力（圖7-18a、圖7-18b），隨即前腳寸步，雙肩內合，向前鬆勁；同時，兩手推住對方前胸上部，向前一送，後腳一蹬，即能將對方發出（圖7-19）。

此式之用，貴在接手引勁蓄含之時，上身宜進而不可後仰，雙手發勁時，手之前擊、肩之內合前鬆、腳之後蹬須要完整一氣。發勁之機必須在對方舊力已盡、新力未生之時，一發方可成功。為時過早或過遲，均不能奏效也。

以上只是舉了幾種手打的實例。蓋手之法甚多，單手接雙手擊，雙手接單手擊，雙手橫掛進擊，雙掌打橫等，

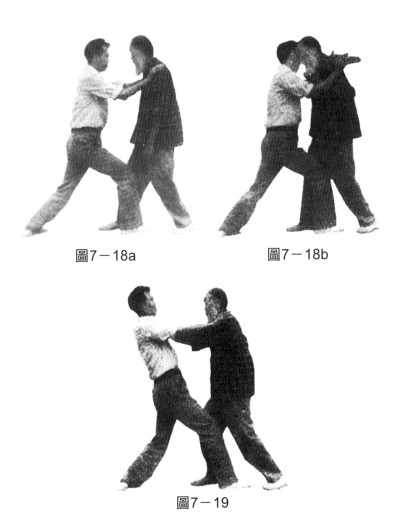

圖7－18a　　　　　　　　圖7－18b

圖7－19

不能一一列舉。總之手打之變化最多，若與肩、胯、腿、腳配合，更是變化無窮。其要在善於聽知對方勁路，隨來勁大小和方向，或隨而導之，或迎而奪之，意一動而勢即出，不可拘於成法也。

第二節　腳　打

拳經云：「起腳望膝」，即腳打高不過膝之意。實戰中常用的腳打之法，有以下五種。

1. 扁　踩

上打拗步劈拳，下邊同時以腳橫踩對方腳面、迎面骨，或兩膝蓋骨（圖7－20a、圖7－20b）。此即拳經云：「腳打踩意不落空」之意。

2. 擁　腿

如對方右手進擊，我用雙手接住向後捋帶（亦可斬截或鑽劈）。同時，急進左腳，右腳橫著從內側向對方右脛骨正面擁打（圖7－21）。繼之腳後撤，同時以右拳平直前擊。

圖7－20a　　　　　　　　　　圖7－20b

圖7-21

圖7-22

3. 蹬　腳

　　我從正面進擊，先打拗步右崩拳，再打左崩拳。同時，左腳跟前蹬，高與胯平（圖7-22）。

4. 抖　腿

　　設對方右腿在前，以右拳進擊。我以右手接對方右拳，向上領，隨即以左手打對方右肋。同時，右腳微進，左腿提膝，小腿外擺，以腳尖點踢對方陰部（圖7-23）。

圖7-23

5. 跺腿

（側身跺子腳）

設對方右拳進擊，我向右擰身，以左手向上托其右肘。急抬左腳向對方腰部或膝部橫踹，上體微向右傾斜以助力（圖7-24）。

腿之用法，不拘一格，如身向後轉，亦可變橫跺為後蹬（圖7-25）。

只要得機得勢，便立即發招，要快、要準、要狠，萬勿遲疑，遲則生變，易為人所乘也。格鬥中，對方如欲用腳踢，其肩必先動，故可注視其兩肩以判斷其是否起腳。如能起腳而不動肩，則是高手。

圖7-24　　　　　　　　圖7-25

第三節　頭　打

1. 側面頭擊

如對方以右衝拳向我進擊，我即以右手接其右腕，左小臂向右下裹壓其右臂，肩向右合，進左步以頭擊其右胸（圖7－26）。

2. 正面進擊

（1）**正面雙開撞胸**。如對方以餓虎撲食或雙風灌耳向我進擊，我即以雙臂上封外開。同時，前腳進步，以頭擊其胸（圖7－27）。

（2）**單開撞胸**。如對方以右衝拳打我面部，我即以右拳上挑。隨即進步以頭撞對方前胸。左拳置於我左額角以護面（圖7－28）。

圖7－26

圖7－27

圖7-28

圖7-29

　　頭打須豎項，直腰，蹬後足，氣貫百會，腳踏中門，鑽身而進，如蛇吸食。側面進擊時，我之前腳亦須進到與對方之後腳相齊，方為得法。頭打之力甚大，一撞即可將對方擊出甚遠，然而用頭亦頗不易，要以手之撥攔挑掛而為之打開門戶，以腰之擰轉鑽身而得入，以腳之蹬蹚而搶佔地位，最後才能一頂而成功。切不可盲目冒進，以致自己之五官受傷也。

第四節　肩　打

　　肩打為「靠」之一種，素有「八靠」之說，今只將筆者常用之法介紹幾種。

1. 搤肩靠

　　如對方以右拳打來，我以右手接其右腕，左手攏其右

臂，順勢向右後下方捋帶。並趁勢進左步，以右肩向對方右胸撞擊（圖7－29）。

2. 穿手靠

對方右衝拳打來，其勢如較高，我以右手接其右腕，往上領。同時，左腳急進步，鎖住對方右腿。左手自對方右腋下向前穿，以左肩撞擊對方右胸（圖7－30）。

3. 隱身靠

如對方以單衝拳或雙衝拳或虎撲食向我進擊，我即用兩手左撥右掛。同時，進一大步，以肩撞對方前胸（圖7－31）。

圖7－30　　　　　　　　圖7－31

4. 七寸靠

對方以拳擊來，我急向下蹲身，雙手抱住對方前小腿（如能抱住兩腿最佳）；同時，以肩撞擊對方大腿，或

胯、或下腹（圖7－32）。

5. 背身靠

如對方右拳擊來，我接手後順其臂轉到對方背後，以背靠擊其背（圖7－33）。

圖7－32　　　　　　　圖7－33

第五節　肘　打

肘打以進擊對方之胸、肋為上，要十分近身時，用之才得利。俗云：「遠了須用手，近了便加肘」，即是此意。

1. 架樑肘

對方以右直拳打來，其高度在我乳中穴以上時，我可屈左肘從對方右臂下用力上架；同時，右手抓扣對方右腕或右小臂用力向下壓（圖7－34）。

2. 開弓肘

仍如上勢，對方為防止肘關節受傷必沉其右肘，則我

圖7－34

圖7－35

左肘落下，小臂橫置我胸前，雙肘同時橫開，以左肘進擊對方右肋（圖7－35）。

3. 撲　肘

如對方右拳打來，我用右拳自裡側接他右腕，急用左臂將他之右臂向內裹撥、下壓。同時，進左步。以右肘向前撲擊（圖7－36）。

圖7－36

4. 朝天肘

對方不論以單衝拳或雙衝拳進擊，只要來勢稍高，我均可以用兩拳輪番自裡向外撥攔。同時，束身進步，

屈小臂以肘尖頂擊對方前胸（圖7－37），如同用鑽拳進擊一般。如對方用其他招法進擊，只要其勢後仰，我均可用此肘法。

肘打之法，不只是以肘頂人，而且是以肩肘裹撥來破壞對方之進攻。在裹撥的同時，我則趁勢進身。此即「破中有打，以小力破大力」也。

圖7－37

第六節　胯　打

胯打者，乃以中節、根節打人，腰胯一併發力之謂也。胯打有裡外之分。

1. 外胯打

用自己的胯尖（股骨頭）對準對方的胯尖，發萃勁，如同鯉魚打挺（圖7－38a、圖7－38b）。

2. 裡胯打

先順對方來勢，搶步中門，以裡胯逼住，使之不能換勢，然後以橫勁擊之。如果是右腿插襠，用右臂向左橫打為好（圖7－39a、圖7－39b）。如對方未離位，切勿發勁。用胯打，步法最重要，兩足兩腿之進退交換須自然得體，胯打始能奏效也。

圖7－38a

圖7－38b

圖7－39a

圖7－39b

第七節　膝　打

1. 側進頂胸

對方打右中平拳，我以右手接其腕，左手撫其上臂，向後下方捋帶，乘勢從外側上左足；同時，提右膝以頂其胸（圖7-40）。

2. 正面打腹（白鶴升天）

如對方以雙風灌耳或餓虎撲食打我，我即以鴣形振翅之勢，雙臂上封外開。同時，進左足插襠，提右膝以擊其外腎、小腹（圖7-41）。

膝打之法尚多，只要對方來拳為中平或在中平以下，我皆可以膝作拳用，或防或打，皆能解難奏功。但膝打須近身，並要手腳配合得當，隨身合胯，不能強行。拳經云：「遠來用腳踢，近了便加膝。」即說明了膝打要上步近身之意。

圖7-40

圖7-41

第八節 臀尾打

拳經云：「臀尾是一拳。」形意拳中，無論李洛能所傳，抑或馬學禮所傳，皆有臀尾打法。拳經云：「臀打全憑靈、氣、精。」蓋臀尾之用，主要在氣之起落，非對內功練之有素者，無能為也。

今書其常用之法，以資參考。

1. 臀 打

對方從後抱住我腰時，我可先以臀後擊，使對方之腹、襠與我接觸稍鬆，隨即轉腰，以左右肘連擊其兩肋（圖7-42、圖7-43、圖7-44）。

圖7-42

圖7-43

圖7-44　　　　　　　圖7-45

2. 背　胯

此為散打中「擲法」之一。當對方以右手順步向我進擊時，我以兩手接其右臂，上步向右轉身，以臀尾抵住對方小腹，急彎腰將對方背起並向前擲出（圖7-45）。此動作要快，遲則無用矣。

以上分別說明各部位的用法。須知人之全身是一個整體，牽一髮而動全身。故而在實戰中須要隨機應變，靈活運用，使各部位的打法能協調一致，互補互根，方能得其妙也。

第八章

盤　根　功

　　盤根，又名「盤根氣功」，是按照《內功經》和《納卦經》的原理和方法進行煉氣的一種功法，為形意拳內練的重要功法之一。盤根功，又分靜功與動功。繼乾坤樁和三體樁養氣獲得效果之後，以盤根靜功（站功）通任督，以盤根動功練習鼓蕩開合，精氣神合一，則形意拳內功不難臻於大成矣。

　　今將盤根的具體練法分述於下。

第一節　靜功（立椿）

1. 預備式

　　兩腳平行開立，寬與肩同。兩臂自然下垂，置於大腿外側，掌心朝裡。頂頭，豎項，兩眼平視，全身放鬆。心靜，體正，細調呼吸。這個姿勢又叫「鬆靜站立」（圖8-1）。

圖8-1

2. 金魚抖鱗

吸氣時，兩臂由兩側上抬，要沉肩墜肘，掌心朝下，邊抬邊向前畫弧，至正前方，兩臂相交，左手在上，右手在下，兩臂伸直，高與肩平，吸氣盡而式成。

呼氣時，兩臂交叉迅速向胸前屈肘收回（圖8－2），待小臂至胸前約1.5分米（四五寸）時，兩手迅速握拳向左右以肘橫開。同時，兩腳跳起，分開，身體下蹲成馬步，呼氣盡而式成（圖8－3）。口中喊「嗨」，將氣貫入丹田。此式又名「貫氣椿」。

3. 白猿獻果

吸氣時，兩拳鬆開變掌，掌心朝下，自胸前輕輕下按，落至臍邊；不停，即屈肘，外撐，掌心朝外，高與胯齊；肩要盡力放鬆，下沉。頭頂項豎，下頜內收。此式又名三盤落地（圖8－4）。

呼氣時，兩小臂外旋，兩肘內收，轉至掌心朝上，隨

圖8－2

圖8－3

呼氣之勢，兩臂向前徐徐舉起，兩掌上托並向前送，如託盤獻桃之狀，高與肩平。下頷向前伸，如神龜探穴，以通任脈，呼氣盡而式成（圖8－5）。此時應感覺雙手勞宮氣甚大。

4. 玉女挑簾

吸氣時，兩小臂內旋至掌心相對，隨即向下坐腕，五個指頭自拇指開始，一個個上挑，直至變成立掌為止時肘下垂，臂微屈。

頂頭豎項，廉泉、大椎微內收以通督脈，吸氣盡而式成，氣貫足於五指及大小魚際（圖8－6）。

5. 推山入海

承上式，吸氣盡，變為呼氣。兩小臂內旋至掌心朝前，徐徐向前推出。

前推時，肘仍要下垂，保持屈曲，兩肩鬆開，向前送，腋下大筋向下拉，胸自涵而背自拔。下頷向前探，以

圖8－4　　　　　　　　圖8－5

通任脈（圖8-7），內氣自臂內側直貫掌心。

6. 雛燕歸巢

兩臂不動，兩掌下按至指尖朝前，掌心朝下。隨吸氣之勢，屈肘將兩掌收回至胸前，高與乳中穴平。肘要墜，肩要沉，頭要頂，下頜要內收，督脈之氣，自尻尾而上行至於頂（圖8-8）。

7. 推窗望月

承上式，吸氣盡，變為呼氣。兩手隨呼氣之勢向左、右前方（與自身對稱線約成45°）同時推出，邊推邊外旋小臂，呼氣盡而旋至掌心向上，兩臂亦伸至盡頭，高與腰平。肘垂，肩鬆，下頜微向前伸（圖8-9），氣沿任脈下於丹田，一支沿臂內側貫入掌指。

8. 王母照鏡

兩手下落，同時小臂內旋至掌心朝下。吸氣時，兩手經臍下翻至掌心朝裡，指尖向上，順胸前往上穿至高與眼

圖8-6

圖8-7

平。沉肩，屈肘，豎項，下頜內收，有向上的頂勁，但不
要用力（圖8－10），吸氣盡而式成，氣升於頂。

9. 青龍探爪

肘抬起，兩手轉至掌心朝下，指尖相對（圖8－11），
相距約4.5公分（一寸半）之遠；隨呼氣之勢，兩小臂內

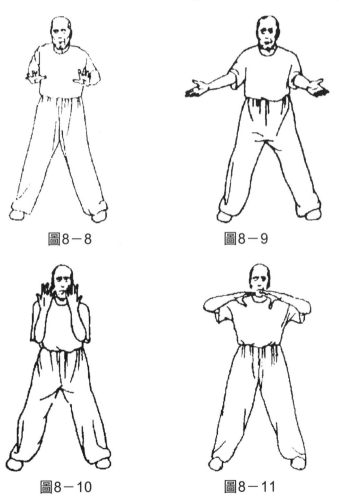

圖8－8　　　　　　　　圖8－9

圖8－10　　　　　　　　圖8－11

旋至掌心向前，兩掌指尖仍
保持相對狀態，徐徐向前推
出，高與肩平（圖8－12）。
肘微屈，肩向前鬆，涵胸，
拔背。下頜向前伸，呼氣盡
而式成，氣下丹田，同時貫
入掌心、指梢。

圖8－12

　　練盤根靜功，用的是脅
呼吸法。吸氣時，膈肌向下
運動，小腹內收，提肛，縮
腎，兩脅向外張，但不要向上提；呼氣時，膈肌向上運
動，小腹外挺，仍要微微提肛，勿使氣泄。兩脅向內收並
向下並，有駢脅之意。

　　初學者如不習慣此種呼吸方式，不可強求，應先用自
然呼吸法，逐漸向脅呼吸法過渡，千萬不可勉強，以防出
偏。以上共八式，凡四吸四呼，可以週而復始反覆練習，
以不感疲倦為宜。

第二節　動功（行樁）

1. 第一式：氣歸丹田

　　右腳在前，左腳在後，上身正直，兩膝屈曲，如站
「三體樁」之勢。後腳距前腳約一腳半或稍多些。後腿
膝蓋距前腿彎約6公分（2寸許）。兩手握拳，置於臍下，
相距約3公分（1寸）遠，拳心朝下；兩肘向外開勁，兩

肩向下沉勁，兩膊成半圓形，含胸拔背，頂頭豎項，頭向左轉約30°～45°，二目平視。這種姿勢叫做雞腿、龍身、猴背、熊膀（圖8-13）。

圖8-13

上身及雙膊保持不動，雙腳沿半徑約一米的圓圈向左行走。兩腳各走一條線，走圈不可過大。走步時，左腳外擺，腎經之脈氣牽動；右腳向內扣，膀胱經之脈氣流行。步不要大，以兩腳相距一腳半為宜。雙膝仍要保持屈曲，後腿膝蓋距前腿彎不超過6公分（2寸）。走步用形意拳的蹚步，腳底與地面平行，距地約1.5公分（半寸）。

邁步時，前腿膛，如行泥地，後腳蹬，腳掌內側用力，牽動肝經、脾經，取《內經》「肝脾之氣宜升」之意。前腳腳跟先著地，然後全腳著地。腳走雙線，走步不要快。全憑雙腳、雙膝用力。仍用脅呼吸法，提腳為吸，落腳為呼，吸無意，呼有意。所走圈數多少不限。

回身時，上身及兩膊均不動。右腳努力向裡扣，身向左轉，左腳提起置右踝骨旁，摩脛，腳底距地面約1.5公分（半寸許），稍停，即向前邁出，落於右腳前一腳半之處，再進右腳；即變左腳在外，右腳在裡，右腳擺，左腳扣，全身向右轉圈行走。其行走之身法、步法、呼吸之配合，皆同前，唯方向左右相反。

2. 第二式：落地三盤

兩腿站的姿勢與前式相同，仍要保持雞腿、龍身、熊膀、猴背。兩手內外勞宮相對，覆於丹田上，左掌在內，右掌在外。

站好後，兩小臂內旋，轉至兩掌心朝外，即向左、右斜下方撐按；肩要沉勁，肘要向外開勁，兩膊要撐圓，含胸拔背。眼看左前方（圖8-14）。

圖8-14

上身上肢不動，高度不變，沿圓弧路線向左行走。其步法、身法、呼吸及回身動作，同第一式。

兩臂之圓撐下按，十指張開，掌心空涵，則手三陰三陽之脈氣全被牽動。含胸，拔背，豎項，則任、督二脈溝通，於是隨步履之起落行進，氣乃走「五氣朝元」的路線，陰升，陽降，鼓蕩開合，周流不息，久之則精、氣、神飽滿，得意、氣、力合一之妙。

3. 第三式：天王托塔（虎托式）

兩腿站法及兩手放置仍如第二式。兩小臂外旋至掌心向上，自臍下向上托起，到胸前時，即向左、右前方水平伸出。兩手相距約7分米～8分米，掌心向上，高與肩平，十指分開，掌心內涵，虎口撐圓，沉肩墜肘；兩肘向內合勁，腋下大筋要極力向下拉勁；頂頭豎項，拔背涵胸；頭微向左轉，目視左前方（圖8-15）。

式定後，先沿弧圈向左行走，圈數不計；再回身沿弧圈向右行走，圈數不計。其步法、呼吸、回身動作仍與第一式同。

此式雖仍是牽動手三陰三陽之脈氣，而對心包經之脈氣牽動最多。每換一步，內氣自湧泉直上達於勞宮，使心腎相交，得水火既濟之功。

圖8－15

4. 第四式：推山入海（虎撐式）

起式站法同第二式。雙手握拳，小臂外旋至拳心朝上，自胸前上鑽到高與口平，腰向左轉約45°；同時，小臂內旋，兩拳變掌，一齊向前推出，式成時，掌心朝前，十指分開，虎口撐圓，兩手食指尖相距約9公分（三寸許），兩虎口相對，肘雖開而向下垂勁。頭頂，項豎，拔背，涵胸。兩肩向前鬆勁，兩手心向回縮勁。兩眼平視左前方（圖8－16）。

上身與上肢不動，沿圓弧向左行走。步法、身法、呼吸仍與第一式同，圈數多

圖8－16

少不限。落腳時，呼氣，氣沉湧泉，有入地三尺之感。與落腳的同時，兩肩向前鬆勁，兩掌向前塌勁。一步一息、一鬆一塌，要配合好。

鬆勁時，胳膊不要向前伸，只是以意領氣貫入掌指，由夾脊發力，以肩催肘，以肘催手，這就是在意識引導下的定式鬆緊活動，是內家拳練大力之法門。

回身時，兩手似鷹爪向下抓回，握拳置於臍下。同時，右腳尖極力向裡扣，身向左轉180°，左腳提起置於右踝骨側，腳掌離地約3公分（一寸），摩脛。稍停，即將左腳邁出，落於右腳前約一腳半之遠。與落腳的同時，兩拳自胸前上鑽至高與口平，再變掌向右前方推出，與起式時動作相同，唯方向左右相反。然後沿圓弧向右行走，圈數不限。

此式不僅手足之陰陽得到調整，氣血暢通，而且脊背足太陽經連同督脈皆獲得通調之功。

5. 第五式：鼉龍浮水（三圓式）

起式仍同第二式。兩手握成鼉形掌（食指稍向回勾，與大拇指成蟹鉗狀，虎口撐圓，其餘三指一齊屈回），左掌沿右胸前向上鑽起，高與肩齊，掌心向左；右掌置左肘下，掌心向上。

隨即腰向左轉45°，與轉腰的同時，左掌連翻帶擰向左前方撐出，左肘屈曲，左膊成半圓形，掌心朝外，左肘與乳中穴同高，小臂水準，大膊斜向下；右掌於左掌擰翻的同時，亦翻到掌心向下，仍置左肘內下方。兩眼自左小臂上邊平視左前方（圖8-17）。

用勁仍是頂頭，豎項，拔背，涵胸，肩向前鬆，肘向下墜。上肢與上身不動，沿圓弧向左行走，圈數不限。落步為呼，氣向下沉，背向前催，肩向前鬆。小臂、手腕、掌指，似鬆而緊，一步一換勁，變換不已。

圖8－17

換式時，右腳極力向回扣，身向左轉180°；左腳提起置於右腳踝骨旁，腳掌離地面約3公分（寸許），摩脛。右掌自左臂裡上鑽至左肩上，掌心朝右；左掌翻至掌心朝上，置於右肘下。左腳向前邁出，與右腳相距一腳半遠之處落地。與落腳的同時，身向右轉約45°，右小臂內旋，向右掤出，翻至右掌心向外，右肘高與乳中穴同，右臂成半圓形；左掌亦同時翻至掌心朝下，置於右肘內下。肩鬆，背圓，目視右前方。

一切與左式相同，唯方向左右相反。出右足，沿圓弧向右行走，步法、用勁同前，圈數不限。

此式要背圓、臂圓、虎口圓，故名三圓。向外掤之勁更要圓而富於彈性，周身活而不僵，以腰胯之旋轉帶動全身，發揮大小周天之作用。兩手意在拇指、食指，使肺經與大腸經格外通暢。

換翻掌時，用勁在掌外經緣與小指，肘雖抬起而向下墜勁，乃得使脾經之氣自雙腿內側上行會心經直貫於少

衝。陰陽變幻，其味無窮。

6. 第六式：推窗望月

起式同第二式。兩小臂
外旋至掌心向上，右膊上
抬，右小臂內旋，右掌邊抬
邊翻，翻至掌心朝上，置
於額前上方約6公分（二寸
許）；同時，左小臂內旋，
旋至左掌心朝外下方，置
於臍下左前方3分米（七八
寸）遠處。

圖8－18

兩肩既要沉勁，又要向前扣，向裡合。兩肘要向外撐
勁，又要向下垂勁。十指分開，虎口撐圓，掌向外塌勁，
掌心向回縮勁。身向左轉約45°，目視左前方。頭要頂，
項要豎，下頜微微內收（圖8－18）。

上身上肢不動，兩足沿圓弧向左行走，步法、身法、
呼吸，仍如第一式，圈數不限。落腳時呼氣，氣向下沉，
五趾抓地。兩膊根要鬆，梢要緊，勁向外吐，仍是以意為
主，不是形動。隨步之起落。氣有升降變幻，勁有鬆緊吞
吐，日久自能意、氣、力三者合一，不論步法，身法如何
進退變幻，氣與神總能凝而不散。

換式時，仍是右腳尖極力向回扣，身向左轉180°；左
腳提起置右踝旁，摩脛，與前式回身法相同。同時，兩小
臂外旋，左掌向回，右掌下落，兩臂交叉，置於腹前，右
掌在上，左掌在下，兩掌心均朝上。左腳向前邁出，落於

右腳前一腳半之遠。同時，左掌上翻，右掌向右下前方塌出。一切均與前同，唯方向左右相反。然後上身上肢保持不動，兩腳沿圓弧向右行走，圈數不限。

此式之兩掌兩臂，起落，翻轉，圓撐，手三陰三陽互為轉換，可使心經與心包經之脈絡格外暢通，起到補心、定心之大用。

7. 第七式：象笏朝天

起式仍同前。兩肘下沉，兩掌掌心朝裡，指尖向上，自下順胸前往上穿至高與眼齊，距臉面約15公分~20公分遠。頂頭豎項，沉肩墜肘，二目平視（圖8-19）。兩腳沿圓弧向左行走。步法、呼吸，一如前式，圈數不限。

換式回身，一切都與第一式相同。

圖8-19

8. 第八式：樵夫指路

起式仍如前式。左手掌心朝裡，指尖朝上，順胸前穿上至指尖與下頜等高，即旋小臂向左平伸出去，掌心向前，指尖向左，肘微屈約150°～170°，肩鬆開；右手同時置左肘下，指尖亦向左，掌心朝後，右肩要極力下沉，向前鬆勁，背要拔勁，上身與頭向左轉。眼看左手（圖8-20）。

　　保持上身上肢不動，沿圓弧向左行走，圈數不限。步法、呼吸，仍同第二式。

　　換式回身時，右腳極力向裡扣，身體向左轉至圓弧的切線方向；左腳提起置於右腳踝骨旁，摩脛。同時，兩掌收回，仍覆於丹田上，和起式時相同。然後左腳邁出，落到右腳前一腳半遠之

圖8－20

處。兩手動作與起式時相同，唯方向左右相反。然後，出右腳，沿圓弧向右行步，圈數不限。

　　此式，氣走五氣朝元之路，舉步為吸，一吸則氣聚於丹田；落步為呼，一呼則氣貫於四梢，陰升陽降，周流不息。頭手四肢之氣，同時並行不悖。一吞有鯨吸四海之意，一吐有利矢穿石之感。一收一放，洶湧澎湃，大有不可一世之概。

　　以上八個式子，可以單式反覆操練，也可以合在一起成一個套路來操練，但無論何種練法，總要以意為主，以氣為先。樁步要嚴格，姿勢要正規，內氣要和順，步之起落與氣之升降吞吐要一致。肌肉之一鬆一緊，勁路之一收一放都要用意來操縱。梢節雖有鬆緊交替，而肩、背、腰、胯一定要鬆不要緊。氣要沉得下，精神要提得起。切切謹記莫忘！

第三節　盤根功祛病養生原理

首先，從東方傳統哲學和中國傳統醫學對人體生命整體觀的角度來看，宇宙是一大天地，人身是一小天地，人和其他物體一樣，都屬於宇宙間的「萬物」之一。因此，作為宇宙萬物生成和變化規律的《周易・八卦》之道，必然也代表著人體生命運動的規律。故而人身與八卦的對應關係，便成了盤根運轉功鍛鍊的理論基礎。《內功經・納卦篇》有云：

頭項法乎乾，取其剛健純粹；足膝法乎坤，取其鎮靜厚載。若夫肩背易於鬆活，乃是巽順之意；襠胯宜於靠緊，須玩兌澤之情。艮象曰：當行則行，當止則止，其義深哉！胸欲竦起，艮山相似，脅有呼吸，震動莫疑。坎離二卦，乃身內之義也，可以意會，不可以言傳。心腎為水火之象，水宜升，火宜降。

這一段話，既說明了八卦在人體中的對應部位，也說明了對應的意義和相應的鍛鍊原則：乾卦為天，天在上；坤卦為地，地下在。

人練功時，頭上腳下，如天地定位；頂頭豎項，百會朝天，如天行四時，無物能傷，剛健之極；十趾抓地，膝堅而步穩，如大地之厚德，無物不載；身如鼎器而安安穩穩，屬於中央，內氣運行於其中，猶如沸水化汽，鼓蕩澎湃。督脈在背為陽，總一身之陽脈；任脈在胸為陰，總一

身之陰脈。任、督二脈勾通,便得陰、陽轉化之妙。練功時,凡一出手,先看虎口穴。頂頭豎項,提肛縮腎,後脊背用力塌下,則內氣自海底升起,由長強沿督脈上升,直達百會,過崑崙,下明堂,直灌兩目,目有神光,自然得其剛健之氣。呼氣時,走鼻孔,順任脈而下,納入丹田。

凡一動步,兩外虎眼極力向內,內虎眼極力向外,襠胯靠緊,腳趾努力抓地,尾中大筋要直,膝蓋要屈,此之謂「陰陽交媾」,四面相交,合同身之力,一扭一翻,則足底湧泉穴之氣,便從中透出,騰然而起,大小周天俱通。

巽卦乃柔順之意,其象為風。風之性,柔而順。連續不斷,無隙不入。練功走架時,內氣要和,外形要順。橫勁、豎勁,並用而不亂,則內氣升降如意,與外形之配合,協調自然,便得巽順之妙。這也就是肩、背宜於鬆活的道理。

命門之前,膀胱之後,小腸之下,靈龜之上,乃生氣之所,即所謂「西南坤地之鄉」,叫做「下丹田」。下丹田主練氣。所以練功走架時,襠要圓而豎,兩胯骨縫相對,外陰而內陽,有忽忽相吞併之意,使內氣正直上行,不可前出,不可後掀。這便是兌卦虛於外而實於內,取象為澤,浸潤萬物,悅成萬物,內外相合,彼此無間之意。

艮卦為止之意,卦辭曰:「艮其背不獲其身,行其庭不見其人。」是靜而忘我,物我兩忘,外雖動而內靜之意。靜以養氣,靜以查勢,當行則行,當止則止。

震卦有動之義,一切姿勢變化,盡從動中得來。即動

便有呼吸，有呼吸便有開合。一氣之呼吸是開合，手之出入也是開合，身之縱橫變化也是開合。

艮與震，一靜一動，一止一行，一合一開，這是練功者要認真研究的內容。腎為水，為精，為物質；心為火，為氣，為功能。胸虛而腹實，謂之水升火降，此乃是煉精化氣的基本要求。內氣能沉入丹田，便是陰陽既濟，水火相交，真氣能萃，則精神漸長。所以練功以養生者，貴在養內氣，調水火。

在練功走架時，要求塌肩井，提胸脅，反龜尾，都是為了使腎水上升，相交於心；下氣、聚勁、屈膝練步，都是為了使心氣下達於腎。當然，這其中還要有「意」的導引作用。

盤根運轉，鍛鍊了人體的四個方面：練形、煉精、煉氣、煉神。《內功經》云：「練形生精，煉精化氣，煉氣化神，煉神還虛。」精、氣、神三者俱全，人體乃健。維持人體生命有三個要素：物質（血肉之體）、能量（體內的能量儲備與內臟功能）和資訊。透過練形而筋骨柔韌，肌肉豐滿，得到精良的軀體；透過煉精，使體內臟器功能增強，體內物質充盈，並能及時使物質轉化成大量的能量，以供生命活動的需要；透過煉氣煉神，疏通經絡，擴大了資訊通道，產生了大量的良性資訊，增進了內臟功能的協調，保證了生物序正常，調整了新陳代謝，增強了身體對外環境的適應能力，自然而然地就取得了祛病、強身、延年養生的效果。

從中醫理論來看，在走、轉動中，上邊頂頭豎項，下

邊縮腎提肛，中間膈肌上下，兩脅開合大鼓蕩，水升火降，起到了煉精化氣的妙用。

兩腳一擺一扣，一鬆一緊，足掌與足踵輪換用力，腳掌內側與外側鬆緊交替，可使足三陰三陽、兩蹻、兩維之脈氣同時發動。兩臂有翻轉，有擰裹，有纏繞；兩掌上托下按，陰陽變幻，與身軀渾然一體，內氣與大氣相合，充實於內，磅礴於外。身動而生陽，心靜而養陰，故能快胸膈，舒脾胃，理三焦，提肺氣，筋骨、血肉，皆得發展，五勞七傷，未醫而得安也。

從自然科學的角度來看，天為宇宙場，地為地磁場，人為生物場而居於天地之間，天、地、人三者之間存在著十分微妙的關係。

從「時間生物學」理論，可以推知宇宙對生命與智慧有不可分割的聯繫。生物對來自宇宙的各種信號的反應，乃是生物節律產生的外源。從「心理向量學」的理論出發，可以把人體視為一個球形均勻容積導體，人體的每一軀段，可以看做是一個類似的偶極磁場。

對人體磁性活動的研究證明，心臟的週期性收縮與舒張，引起複雜的生物交變電流，由此而產生了腦磁場。其他如肺、肝、眼以及條紋狀的骨骼肌，在活動中都各自有各自的磁場。人體的磁性活動，便產生了所謂的生物磁場資訊。

電磁場與生命有密切關係，生物對於電磁場的變化是十分敏感的，在磁場變化的暫態，人的腦或眼中甚至會產生光感覺現象。所以走轉於宇宙場和地磁場中間，引起了

三個場之間的變化，也引起了人體各個局部正負電勢的微小變化和人體磁場的變化。

人的生命是一個「耗散結構」，他是從周圍環境中攝取負熵（資訊）以維持自身有序組織的，即使一個微弱的電場或磁場信號，對人也是十分敏感的，於是在走轉運動中，便可以用電、磁之力以影響人體生命的生長、變導、能量代謝等過程，從而達到疏通經絡，調整氣血，扶正祛邪，促進康復之目的。

臨床實踐證明，此功對腎陰、腎陽兩虛，下元虧損之病特別有效。如由於心陰不足，心陽獨亢，而引起的失眠，陰勝陽虛或心陰被損，腎水衰微而引起的嗜睡，或陽氣受傷陰盛目瞑，或心腎不交而引起的神經衰弱症，都會在短期內收到明顯療效。

第九章

站功集氣法

　　武術的宗旨，一在於祛病健身，二在於防身自衛。無論哪一流派，哪一拳種，凡談到健身，都離不開內養真氣以協調和發揮臟器的潛在功能；外操筋骨以促進各種體能之提高。談到防身自衛，也都主張內煉氣、外練形，內外兼修以提高格鬥技術水準。所以武術與氣功（**內功**），本是一家，武術運動應該以養氣作為物質基礎，而此物質基礎又必須借一定的肢體動作形式才能夠伸發而形之於外。氣功是武術之本體，武術乃氣功之運用，兩者是一而二，二而一的關係。

　　武術老前輩劉殿琛先生經常說：「武術、氣功之道，一在於養，二在於運。」各種站樁功和形意虛靜修真功，都是養氣的方法，而本功法——站功集氣法，乃是運氣、煉氣的重要功法之一。

　　此功的鍛鍊要點，在於透過呼吸調整和肢體導引，以意領氣隨著自己的意志來活動，使之上升則上升，使之下降則下降，使之聚於丹田則凝而不散，使之行於肢體則氣貫四梢。與此同時，內臟也隨氣之上升、下降而緊縮或放鬆，最後達到心與意合，意與氣合，動靜相隨，內外一致

的效果。

本功法係根據武林前輩劉維祥先生、張占魁先生、張鑒塘先生和少林寺玄升大師等人，生前經常用以煉氣的方法，綜合提煉而成。

全功法共分八節，其具體操作方法如下。

第一節　海底撈月

1. 站高馬步樁，兩手自然下垂於體側，做自然呼吸12次。

2. 兩手側平舉，至高與肩平時翻至手心朝上（圖9－1），然後屈肘將兩手收回到胸前，掌心朝下，兩手十指相對，中指尖相距約6公分（兩寸許）（圖9－2）。存想將四周大氣摟到胸前。

3. 兩掌向下按，意念想將胸前之氣按入地下。同時，

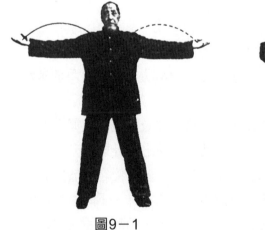

圖9－1

圖9－2

向前彎腰，直到兩掌離
地約3公分（寸許）為止
（圖9－3）。

　　4. 兩手由內向外，經
足前畫圓圈，再由外畫到
足內側。意念想已將地面
上大氣抓入手中。

　　5. 兩手握拳，如抓重
物，提起後向上舉，同時
吸氣一口；兩拳與兩足同
寬，拳心相對，舉到極

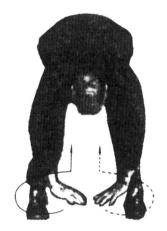

圖9－3

處時突然放開，頭往後仰，面向天空，呼氣一口（圖9－
4）。意念想手中之氣已與天上之氣相接而成一體。

　　6. 微停，再吸氣一口，兩手落至兩肋，掌心向上（圖
9－5）。

圖9－4

圖9－5

7. 兩掌向左右平伸，呼氣（同圖9-1）。意念想兩手托著兩個氣塔，上與天相接。

8. 屈肘將兩掌收回至腮邊，掌心相對，同時吸氣；不停，隨即兩掌下按，彎腰，呼氣。重複練習3～7的動作。

以上動作，共做8次～12次為一遍。

第二節　神龍回首

1. 開步成子午樁，左手左足在前，右手右足在後，身體儘量低些。

2. 小臂外旋至掌心朝上，左手在前向上平托，高與肩平，肘微屈，向下墜勁；右手置於右肋下（圖9-6）。

3. 右掌經左肘彎上向前推出，意念有向前推動大氣之意，推到極處，與左腳上下相顧，高與肩平，掌心向前，肘下屈有墜勁；同時，左掌由體前方向下按，小臂內旋翻至掌心向下，經左胯邊往後塌勁，停於臀部後方約3分米（尺餘）處，掌心朝上。頭由左向後轉，轉至臉向後為止，呼氣一口（圖9-7）。

4. 右手下落，經右胯邊向後抬起；左手亦同時下落，經左胯邊向上托起，邊向上小臂邊外旋，直到高與肩平，掌心向上。

5. 身體向右轉180°，轉至右足在前，左足在後。與轉身的同時，右小臂外旋翻至右掌心朝上；左小臂屈回，將左掌置於左肋下，掌心朝上。同時吸氣。姿勢與圖9-6相同，唯左右相反。

圖9－6　　　　　　　　　圖9－7

6. 左掌向前經右肘彎上推出，掌心向前；右掌翻至掌心朝下，經右胯邊向右後下方塌出，停於臀後約3分米（尺餘）處。頭向右轉至臉向後方，呼氣一口。式成時姿勢與圖9－7相同，唯左右相反。

如此一左一右，輪換練習，共8次～12次為一遍。

練習時，前手如同向前推大氣，後手如同向後推大氣；又像兩手推住前後兩根彈簧，使它們不要彈回。多用意念和感覺，不可用拙力。

第三節　怪蟒翻身

本功法有高式、低式兩種練法。高式適用於年老體弱或只練氣功而不懂武術者；低式適用於身體無病或年紀較輕、肢體靈便及練武術者作基本功法之用。

一、低式練法

1. 兩腳平行開立，比肩略寬，兩臂自然下垂，置於體側，全身放鬆，眼向前看。

2. 左手握虛拳，自體側向左、向上畫弧，經頭頂向右、向下畫一個大圈；右拳屈肘置於背後（圖9-8）。腰隨手之畫弧，先向右轉，再向前彎。同時，右腿下蹲成右仆步（圖9-9）。

3. 上式不停，繼續伏身向左轉腰。同時，左拳經腳前向左畫弧而屈肘置於背後，右拳自背後畫至胸前。左腿屈曲下蹲，右腿逐漸伸直成左仆步（圖9-10）。

4. 繼續向左轉腰，右手亦繼續向左、向上畫弧。隨右手之向上，左腿逐漸伸直，待右手經頭頂而畫至右上方時，兩腿都伸直，身體成正面直立狀態（圖9-11）。

5. 右拳繼續向右、向下畫弧，隨即屈肘置於背後；左拳亦同時自背後向左、向上畫弧，又恢復成圖9-8的姿勢。

6. 重複以上練習2～5的動作，共做6次；然後反方向做同樣的動作，亦做6次，共做12次為一遍。

練習時，心中意念想全身沉在水中，兩臂畫弧及轉腰所用之力，恰足以克服水的阻力，如同游泳一般，不可過分用力，亦不可完全不用力。

二、高式練法

1. 兩腳平行開立，寬與肩同，兩膝微屈，兩手自然下

垂，置於體側，全身放鬆。

　　2. 兩手之畫弧動作及轉腰彎腰動作，與做低式時相同，唯腿不必下蹲，只稍稍屈膝即可。

　　本練法亦是向右轉動6次，向左轉動6次，共12次為一遍。心中意念亦與做低式練習時相同。

圖9－8　　　　　　　　　　圖9－9

圖9－10　　　　　　　　　　圖9－11

第四節　力劈華山

1. 兩腳平行開立，與肩等寬，兩膝微屈，兩臂自然下垂，置於體側，全身放鬆。

2. 右手立掌向上挑起，意念想內氣自下丹田經右臂貫入右掌心及五指指尖，掌心朝左，肘微屈；同時，左掌置於小腹前下方，掌心朝右，指尖向下。頭稍抬，眼向上看，吸氣一口（圖9-12）。

3. 右掌向前半劈半拍，腰要極力向前彎，以使右掌或右手指尖能觸及地面為宜。意念想將前面大氣直拍入地下。左手亦同時隨之向下伸，指尖向下，掌心朝右。眼看地面，呼氣一口（圖9-13）。

4. 右掌從左掌外邊向上提起，置於小腹前，掌心朝下；左臂下伸，左掌以立掌向前、向上挑起，掌心朝右，

圖9-12　　　　　　圖9-13

直挑到頭頂後上方，肘微屈，挑到極處時，抬頭，眼向上看，吸氣一口。

5. 左掌下劈，動作與練習3相同，唯左右相反。

如此左右輪換，上挑下劈，共做12次為一遍。下劈時意念想內氣自下丹田貫入掌心和指尖，全手有脹大之感；隨掌之上挑，意念想內氣又從手掌回到下丹田，往復鼓盪，周流不已。

第五節　二龍戲珠

1. 馬步樁站立，右手掌心朝上，向前平托，高與乳平，肘微屈，肩向前鬆；左掌置於左肋下，亦掌心朝上。

2. 吸氣，同時左掌上提，提至與乳同高時，即向前推出，小臂內旋，翻至掌心朝前，推到肘彎曲約為150°時，停住；右手亦同時下落，收回，置於右肋下，掌心朝上。同時呼氣（圖9－14）。

3. 然後再向前推右掌回左掌，再推左掌回右掌，左右輪換，共推12次。

4. 當推完12次，右手在前，左手在肋下時，稍停，換一口氣；左手隨即向前平托出去，掌心朝上，比臍略高，同時呼氣；右手同時從左手上邊抽回來，置於右腮邊，掌心朝下，不停，隨即下落，吸氣，小臂外旋翻至掌心朝上，向前平托出去，同時呼氣；左手亦同時上提，旋小臂翻至掌心朝下，撤回到左腮邊（圖9－15）。

5. 左手又下落，翻掌，向前平托；右手又上提，翻

掌，撤回到右肋邊……如此左右輪換，共做12次。此式
無論正搏或反搏時，兩手始終如同旋轉一個大球，掌心相
對，使球不致脫落。意念想兩手勞宮穴之內氣相接，隨兩
掌之推、撤、翻轉而一起滾動。這就是《拳經》中所說：
「指上推磨力扛鼎，掌中旋轉氣移山」的真實含義，指的
不是力而是內氣。

收式時，將前邊的手掌撤回到前胸，兩手同時下按，
經腹前自然垂於體側。

圖9－14

圖9－15

第六節　氣貫四梢

1. 兩腳平行開立，與肩同寬，雙膝微屈，鬆腰，抱
胯，垂臀。兩臂自然下垂，置於體側。頂頭，豎項，眼向
前看。

2. 兩手上提如抽絲，要悉心體會地面對手掌的吸引力，提到與胯同高時，掌心朝下，指尖向前，兩掌緩緩向下按去。同時呼氣。意念在勞宮穴，存想將兩根木樁，慢慢按入地下去（圖9－16）。

圖8－16

3. 兩手上提，體會地心對掌心的引力，提到與乳中穴等高時，即翻至手心朝上。同時吸氣一口（圖9－17）。

4. 兩手緩緩向上托起，如托重物。同時呼氣。意念在勞宮穴，存想將兩掌上托的大氣柱，一直送到天上，並壓之使與宇宙大氣混合成一體（圖9－18）。

5. 兩手經面前下落，手心向面部，經胸前落至兩肋下

圖9－17

圖9－18

停住，手心朝上，兩肘極力抵住兩肋。同時吸氣一口（圖9-19）。

6. 兩手翻至掌心朝外，向左右緩緩推出去。同時呼氣。意念仍放在勞宮，存想將左右兩個對稱放置的重物慢慢推開（圖9-20），但不用拙力。在推的過程中，應悉心體會內氣貫入勞宮穴時的各種感覺。

7. 兩手同時向前畫弧，至正前方時，掌心相對，相距約3分米（七八寸）遠，向回抽勁。同時吸氣。意念想兩掌間夾著一團大氣，要靠大氣與手掌間的附著力，用手掌將大氣粘住，拉回來。邊向回拉，邊吸氣，待拉至乳頭兩側時，吸氣盡，停住（圖9-21）。

8. 兩手翻至掌心朝前，向前徐徐推出。同時呼氣（圖9-22）。意念仍放在勞宮，存想將身前大氣推了出去，壓縮進宇宙大氣之中。

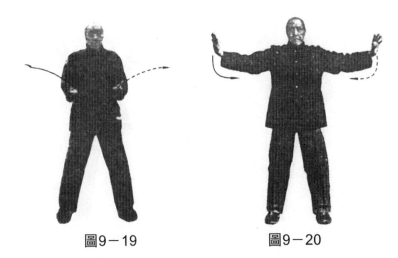

圖9-19　　　　　　圖9-20

　　　　　　　　　　圖9－22

圖9－21

9. 兩手掌心相向，抽回（同圖9－21），收到肋下，掌心向上，吸氣。式成時如圖9－19。

10. 翻轉至掌心朝下，向下徐徐按下。同時呼氣（同圖9－16）。意念仍在勞宮穴，存想將兩根木椿緩緩壓入地中。

以後重複練習3～10的動作，反覆操練，共做8次為一遍。

第七節　煉精化氣

此功是在武術鍛鍊中，透過肢體導引與吐納氣法之結合，而進行煉精化氣的方法，與道家氣功功法中的靜坐以煉精化氣之法不同。

本功法之鍛鍊，可分兩步進行。

一、呼吸鍛鍊

1. 兩腳前後站立成川字步，相距約兩腳之遠，左腳在前，右腳在後。兩手握拳，自肋下上提至乳側，拳心朝上，吸氣一口（圖9-23）。

2. 兩拳上鑽，經兩腮下變掌向前推出。同時呼氣。身體重心前移成弓步（圖9-24）。

3. 氣吐完後，兩手下抓，握拳，向回拉，仍置於肋下。同時，身體重心後移，後腿屈曲，吸氣一口。

4. 兩拳再上鑽，前推，如呼吸鍛鍊練習2的動作一般。如此反覆練習，至少12次。換成右腳在前，再練12次。此式練習日久，肺活量將大大增加，吸氣時也總有吸不滿的感覺。這就是呼吸鍛鍊的目的。這時就可轉入第二步鍛鍊。

二、煉精化氣

1. 上式練完後，將兩手握拳置於肋下，拳心朝上。前（左）腳收回，置於後（右）腳內側，腳尖點地成虛步。吸氣一口（圖9-25）。意念想渾身內氣都凝聚於丹田。

2. 兩手上鑽至頦下，隨即向前撲出，左手在前，右手在左肘彎之下，成偏虎撲之勢。同時，左腳上步，右腳稍稍跟步，成子午步站立。同時呼氣一口（圖9-26）。

手腳要齊起、齊落，呼氣用沖息，意念想丹田真氣一霎間貫滿四梢。《拳經》云：「手腳齊到方為真」，指的就是這個動作。

圖9－23　　　　　　　圖9－24

圖9－25　　　　　　　圖9－26

　　如此，收回，撲出；再收回，再撲出，反覆練習，次
數不限。然後換為右腳在前，仍如法練習，以不感疲勞為
度。

第八節　丹田運轉

1. 用三體樁或馬步樁站立（**年老體弱者可用兩腳平行開立的姿勢**），凝神靜思，將所練的內氣收入丹田之中。

2. 兩手掌心向上，指尖相對，五指自然分開，由小腹前向上捧起（圖9－27），經胸前直到額前，小臂內旋翻至掌心朝上，隨即兩手左右分開，向兩旁向下畫弧，如大鵬展翅（圖9－28）。當兩手落至兩胯外側時，即轉向丹田內摟氣，隨即又向上捧。重複以上動作，共做7次。謂之「摟丹田」。

3. 兩手內外勞宮穴相對，覆蓋於丹田上，左手在下，右手在上（**女子則相反**）（圖9－29），自右往左、往下、往右、往上畫圓圈推揉36次；再從左往右、往下、往左、往上推揉36次，謂之「揉丹田」。腹中內氣要隨手之轉動而轉動。

4. 兩手（用手掌或握虛拳均可）拍打丹田，或左右手輪換著拍打丹田（圖9－30）。應該由輕漸漸到重，緩而行。拍打時要聲隨氣發，且不可悶聲閉氣。必待手或拳打之在丹田之上，同時從丹田大發「嗨！」聲，氣亦同時向下猛沉。共打36次。多時可打49次。此之謂「打丹田」。

5. 拍打完畢後，冥目調息片刻。再按上述練習2、3之動作，做「摟丹田」7次，「揉丹田」36次，即可收功走動。

　　此功法最好在練完「行功」（如五行培元功、十二禽戲、八字功等）之後再練，可保證效果好，不出偏差。

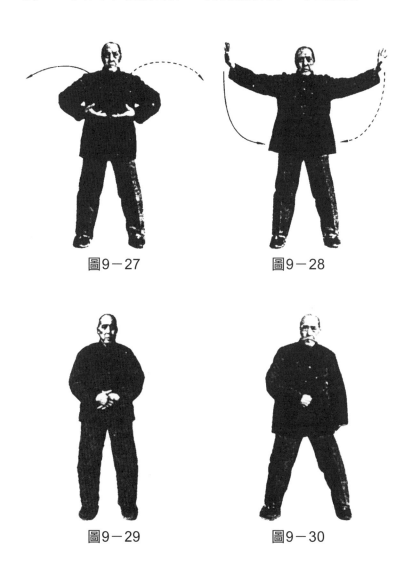

圖9－27　　　　　　　　　圖9－28

圖9－29　　　　　　　　　圖9－30

第十章

形意拳拳經選注

　　拳經，是形意拳前輩長期習武用武的經驗之談；是形意拳各項技術的總根底；是練功的基本依據。以拳經為指導進行鍛鍊，可以不走或少走彎路，獲得事半功倍之效。過去由於門戶之見和保守思想的影響，前輩們在授徒傳藝時，多採取身傳口授，只准默記而不許筆錄，傳之久而不免有遺失謬誤。且歌訣簡單，令人費解，給後學者帶來許多困難。

　　筆者現將前輩所授形意拳經原文，擇其重要者，選錄數段，分成幾個小題目，結合個人練功實踐的體會，加以注解和說明，希望對形意拳愛好者，能起到參考作用。

第一節　論　氣

【原　文】

　　精養靈根氣養神，元陽不走方為真。

　　丹田練就長命寶，萬兩黃金不與人。

【注 解】

蓋人非氣血不生。氣血充足則精神健旺，氣血虧損則精神萎靡。故內家拳之根本是內氣。而丹田乃內氣之府，練拳者必先培養氣血聚於丹田，丹田氣足，然後引之內達於臟腑，油然見於面而為神，發於四肢而為力。欲知養氣之道，須先明精、氣、神。

精是人生命的根本，男子睪丸之精，女子陰水，各種內分泌以至唾液、眼淚等與生俱來的津液，統稱之為先天之精。飲食營養之精華，即水穀之精，隨血液以流布全身者，謂之後天之精。先天之精賴於後天之精以為榮養。尾閭之前，膀胱之後，小腸之下，靈龜之上，叫做天根，乃真氣發動之地，用提肛縮腎之法，將精自玄牝之門（在雙睪與前陰之間）提到天根，再將無形之精練成微妙之氣。謂之煉精化氣。

氣乃是人體生物場中的一種能量流，也是生命現象的根源。道家命之為「元陽」。此能量流的強弱與周流情況，決定了人體生機是否旺盛和身體是否健壯。它的確是與生俱來，但透過鍛鍊可以使其增強。兩腎之間叫命門，大約在第四、五腰椎間，對正前方臍之下，恥骨之上，此處叫做丹田。

丹田之外為腹肌，命門之外為腰肌，腹肌與腰肌互相配合，形成人體發力之源。一個人如果內氣能流較大，內臟功能甚強，各臟腑間工作又能協調一致，再加上有比較堅強的腰肌、腹肌，自然精神健旺，體魄雄偉，動作敏捷，發力沉實。拳家術語叫做「元陽充足」。煉精所化之

氣，周流於臟腑之間，達於四梢，上通泥丸，下徹湧泉，則化為出有入無之神，神足則光聚於天心。

神是人生命活動的總的表現，《內經》曰：「神充則體健，神衰則體弱，神去則身死。」又曰：「生之來謂之精，兩精相搏謂之神。」可見神與氣的基礎都是精，精乃人身之寶。如果精耗陰虛，則元陽之氣不固，生命之神不足，即失去抵禦外物侵襲的能力而易於生病。所以練拳之人，要隨時注意保護津液，攪海、漱口、咽津、固精、化精，不溺色慾，不喪腎精，以充實元陽。

練功時，總要舌頂上齶。但並非努力去頂，乃是將舌尖輕輕向上捲，以能抵住上齶與前齒之間為宜。如此則任督二脈在上邊接通，口生津液，要分三口徐徐咽下，不可唾掉。同時還要收穀道，縮前陰，骶骨向前向上兜翻，使任督二脈在下部接通，以形成周天運行。

當元氣充足，真陽發動之時，微有泄精之感，這時必須定住精神，將精慢慢引導至四肢，不可令其走泄，則筋骨漸漸強壯，體魄自然雄偉。

再者，煉氣日久，必然身體強壯，精力旺盛，還要善自保養。如自恃體健而不知節慾，任其走泄，則不但無功，將反受其害。青壯年習武者，宜切實注意！

【原　文】

道自虛無生一氣，便從一氣產陰陽，

陰陽再合成三體，三體重生萬物張。

【注　解】

三體者，在人體外為頭、手、足，內為上、中、下；在拳中則統一為陰陽，陰陽歸總為一太極也，亦即一氣是也；在形意拳中則為起點無形之橫（先天之橫）拳也。此無形之橫乃是人本來之真心，空空洞洞，不帶一絲一毫拙力，至虛至無，即老子所云：「無名天地之始。」用現代科學術語講，就是「發生」，由無到有。故此處之所謂虛無，不是死的而是活的。

因為其中暗藏著一點生機（發生）。此生機即名之曰「先天真一之氣」。此虛無中含此真一之氣，若有若無，非有非無，活活潑潑，非色非空，故又名「真空」。

所謂真空乃是釋家之語，即佛經所云：「空而不空，不空而空，方是真空。」老子云：「有名萬物之母。」即是此意。用現代科學語言，叫做「變化」。即由少而多，由此乃彼，由一而生萬物以至於無窮。因虛無中有此一點生機，故曰：「虛無生一氣」也。

在練功中，虛極靜篤之時，海底（氣海）有一點生機微微發動，如邵子所云：「一陽初發動，萬物未生時。」即靜中寓動，靜極而動也。

靜為陰，動為陽，是動靜之機，即為陰陽之母。虛極之時，出手橫拳圓滿無虧，生機發動，則變化以至於無窮。手足動作所用之力，有而若無，實而若虛，腹內之氣所用亦不著力，純任自然，以積蓄其虛靈之神。呼吸亦似有似無，與手足動作起落進退相合，謂之調息。練到身無其身，心無其心，謂之神形俱杳。

郭雲深先生談形意拳時說道：「吾拳之道無它，神氣二者而已矣。靜則為性，動則為意，妙用則為神。」即指此也。

【原　文】

混元一氣吾道成，道成莫外五真形。

真形內藏精氣神，神藏氣內丹道成。

要知真形合真象，欲問真象須求真。

真形合來有真訣，真訣合道得徹靈。

誠心練養精氣神，近在眼前變化中。

【注　解】

這一段講練拳時外形與內氣的關係，即內外配合的重要性。這是練拳的「竅」，不通此「竅」，則功夫難成。筆者學拳之初，老師曾做歌曰：「武藝雖精竅不真，費盡心機枉勞神。」可見練拳時「竅」之重要。常見苦練十數年而收效甚微者，以其不明「竅」之故也。關於煉氣之竅，先人有口授而少見於書傳，以致後之學者，難明其究竟。今姑且釋之。

蓋煉氣養生者，元氣充足則可以延年益壽，自不逮言。然而並不能將丹田之氣發之為絕技。欲使此浩然之氣發為武術絕技，必加以專門練習，即不但要善於聚，而且要善於運。

技擊所運之氣謂之「渾元氣」，與經絡之氣不同。此氣並不完全按十二正經之順序周天運行，而是全身之氣渾

然一體，根據動作之需要，一上皆上，一下皆下；聚則一齊凝結，潛伏於丹田；發時一齊貫通於四梢，上下鼓蕩，左右開合。

每於臨敵挫陣之時，若有一團氣力堅凝於腹臍之間，倏然自腰而背直貫於頂，自覺心明眼亮，勇氣倍增。起落鑽翻橫豎隨時而用，龍虎鷹熊鷂馬猴鼉蛇鮐燕雞變化咸宜，毫忽之間，勝敗立分。此即渾元一氣之功也。

練此渾元一氣，必講架勢，蓋氣雖為架勢之本，而架勢則所以運用氣力者也。二者互為表裡，互為依存，缺一而不可也。練時應先從乾坤樁和三體樁開始，以打通氣路，按照拳經規定的要求，即前邊所述八要中：舌頂齒叩穀道提，三心並三意連……諸法以充實丹田，導氣使自肝、心、脾、肺、腎五道關層層透過，一無阻攔。即拳經所云：「五行本是五道關，無人把守自遮攔」之意。

然後以劈、崩、炮、鑽、橫五拳為基礎，以意行氣，以氣運身，以內氣之運行帶動外形之變化，使丹田之氣由背骨往上回住於胸間，充於腹，盈於臟，沖於頂，凝於肋，隨架勢之變化而充於四肢，倏忽之間千變萬化，此乃形意之根本。

無論對初學者還是對有較深功底的人，基本上都是以樁功和五形拳作為基本形式進行練功的，對於這些架勢無論從外形上或內氣上講，都有非常嚴格的要求，在拳經上都有明確的規定。例如對劈崩二拳有「劈拳高舉出雲門，肺葉舒張氣暢伸，少商指引意中氣，修殘補缺效如神」。「崩拳起意在大敦，瞪目頂頭肝氣伸，身似弩弓手如箭，

消息一動定乾坤」。

以三體樁而論，從調神上講，要求思想高度集中，進入鬆靜境界，無物無我，四大皆空，眼前一片光明，這即是「虛無」。

從調氣上講，引導丹田一股熱流循任督二脈周流，再走五氣朝元之路，上泥丸，下湧泉，頭手四肢，息息相通，周流無間。全身氣勢騰挪，意在動與不動之間。

從調身上講，則有雞腿、龍身、熊膀、猴背、虎抱頭之勢。其對手與足、肘與膝、肩與胯、身軀與四肢、前腳與後腳……全身各部分之間的關係，都有嚴格規定，這就是「真形真相」。雞有蓄力騰空之意，熊有扣膀豎項之力，猴有沉肩鬆勁出力之勢，龍身曲曲折折變化神奇。這就是真相中之真意。

無論是靜是動，總是一吸一呼，一升一伏，肋中開合，丹田呼吸。兩蓋骨極力要屈，尾中大筋要直，胯要內抱，襠要外開，合周身之力向外一扭，則湧泉之氣自能從中透出，直行而上，不前出，不後掀。胸要虛涵，腹要沉實，腎水上潮，以濟心火，心腎相交，則真氣漸聚，精神乃長。故善於拳者，練勁，養氣調水火，行似龍，動似虎，步如猴，內外相合，精、氣、神俱在其中矣。

真訣合道之時，則內外神形相合，以身體動作旋轉，縱橫往來，一氣流行，無有停滯，循環無端，名曰「停息」，亦即拳術中脫胎神化之境也。此之謂得道矣。

第二節 五行與六合

【原 文】

拳法遺來本五行，生剋裡邊變化精，
學者要知其中意，只在眼前一寸中。
震龍兌虎各西東，朱雀玄武南北分，
戊己二土中宮位，意為媒引相配成。
眼耳口鼻外五行，手足四梢並頂心，
久練內外成一氣，霹雷電雨起暴風。
心動如火焰，四梢逞威風，
肝動如箭鑽，脾動主力功。
腎動似閃電，肺動陣雷聲，
五行合一處，放膽即成功。
明瞭四梢永不懼，閉住五行永無凶。

【注 解】

形意拳之根本是五行拳，五行拳之精髓在於意，以意行氣，以氣運身，以意領先，以意帥形，隨意而動，因以成拳，是之謂形意。五行拳又名意拳，外形上是五個拳式，發力上五種勁路，內通五條經絡，鍛鍊五個臟器。習之日久，既可得健身之裨益，又可獲技擊之妙用，實乃形意拳之「綱」也。

形意拳之傳，原本只有五行拳，以後經過長期實踐才

逐漸變化發展充實而有了十二大形與八字功法，故形意拳的練法、用法、內功、外功，歷來都是以五行拳為基礎。

金、木、水、火、土，謂之五行，金生水，水生木，木生火，火生土，土生金，謂之五行相生。金剋木，火剋金，水剋火，土剋水，木剋土，謂之五行相剋。古人用五種物質來比喻不同的事物，用相生相剋來比喻諸事物之間互相制約、互相補充和在一定條件下互相轉化的關係。這是古代語言，並非迷信，也並不難於理解。下邊我們不妨用現代語言結合現代科學加以說明。

首先要說明，五行拳的拳式劈、崩、鑽、炮、橫是和人體內五條經絡即肺經、肝經、心經、腎經、脾經內外呼應、息息相通的。劈拳通肺屬金，崩拳通肝屬木，鑽拳通腎屬水，炮拳通心屬火，橫拳通脾屬土。練拳時，動作與經絡相配合，氣血循經絡而運行。

劈拳與肺經相呼應，故練劈拳可以養肺。劈拳動作的用勁要求是頭向上頂，下顎無形向前用力，兩腳趾抓地，兩手如抓物，虎口作圓形，四指稍張開。身勢要正，舌頂、齒叩，目向前視。陰拳向上起鑽時吸氣，自中焦領起肺氣，直出中府雲門。同時足三陰之氣上行聚於中脘。拳向下落翻之時呼氣，氣自雲門沿臂內側而下直達少商，充於五個指尖。隨掌之落翻，雙腿向下微蹲，足三陽之氣乃下行而達於湧泉，前掌向前一搓，胸中空空洞洞，腹內堅實如鐵。

從技擊上看，吸是合是蓄，能吸則自然能提得起，亦能擎得人起；呼氣是開是發，能呼則能沉得下，亦能放得

人出。如此一吸一呼，一躦一翻，進退起落，如水之翻浪，節奏分明，有條不紊，促進肺經中氣之運行，加強肺脈中血液之循環。血養氣，氣行血，加強膈肌之功能，增進肺臟之健康。習之日久，呼吸深長，吐納有聲，故曰肺動陣雷聲。

崩拳之動作起落，與體內肝經相合，故練崩拳可以舒肝。崩拳之動作貴直、貴速，宜猛不宜遲。進步出拳，蹬後足，要大趾用力，頂頭豎項，勾動肝經，自大敦倏然而上於泥丸，同時還要瞪眼，使肝氣自雙目冒出，光芒逼人。臂向前伸，沉肩墜肘順胯，其氣貫少商自拳冒出。左右輪換，勢如連珠，對肝臟起到很好的按摩作用，故曰肝動如箭鑽也。

鑽拳之動作，與腎經相合。鑽拳之用勁要求為頭頂，項豎，沉肩，提肛縮腎，兩腳用力抓地，左手放掌下按，同時右拳飛速自前心鑽出。肘向身體中線裏擠，束身而進，急如閃電。腳之用力與拳之上鑽，配合無間。鬆肩提肛縮腎則可勾通腎經自湧泉而起，上貫脊柱過俞府，下前臂，倏然自中衝冒出。其氣發於腎臟，內外相合，故剛、勁、敏、速，令人捉摸不定。

其拳形上的一伸一攢，有明顯的豎項塌腰動作，對整個脊柱尤其是腰椎，有使骨縫拉開之意，是極好的健腰補腎運動。久而久之，腰椎循環通暢，機能改善，腰肌的強度與彈性有明顯加強，既能擔負更多的直壓力，又能發出更雄厚的進擊力量，用習慣上的說法，叫做「腎氣足」。故云練鑽拳可以壯腰健腎。

　　炮拳的動作，與體內心經暗合，故練炮拳可以平心火，養心血。炮拳起勢時隨雙手之一伸一握，走一個大踐步，渾身毛孔捲緊，頂頭，豎頂，舌頂，齒叩，瞪眼。

　　這一動作可使內氣自雙足上升聚於丹田。左小臂極力外旋，向自身中線一裹一鑽，即引動真氣並衝脈上貫於雙目，同時自極泉出兩臂而達於中衝少衝。此時氣已貫足，周身如同一個充滿氣體的容器。進步時，一蹬一躦，左拳一滾翻，右拳向前照直衝出，一霎時，如容器炸裂，勢不可當。這種一捲一炸，有節奏的連續動作，要求心臟加強每一搏動，輸出更多的血液。

　　反覆刺激可以有效地鍛鍊心肌，而對於正在發育中的青年尤有顯著效果。而老年人或心臟病患者，則以不發此種爆炸力而改用暗勁為宜。

　　橫拳之意，圓滑似彈，上下兼顧。其運用之妙在於拗步斜身，以橫破直。練時要頂頭豎項，沉肩塌腰。右拳前出時要連翻帶擰，肘要有垂勁，但不可有曲勁。兩手分開時有如撕綿之意。兩肩暗含著抽勁。進步時後足大趾用力，即可起脾經之氣自隱白上達於關元。出手拗步斜身，使脾經之氣在脾經胃腑循環。頭頂項豎，舌向齒根頂，兩頰咽喉微微有向前之意，則氣可挾行咽喉達於齒根。至是，則脾經之氣自下而上可以通透無阻矣。

　　以上簡要地介紹了五行拳與體內五臟的關係。儘管這五拳在練法上各不相同，在健身與技擊上各有側重，但總的來說都是以意為主，以氣為用，以丹田為根本。丹田足則腎氣健、精神旺。心氣足則腦力堅、精神敏。肺臟足則

氣必充，肝臟足則力必猛，脾臟充盈則體魄必強健。所以練好五行拳可以內養五臟，補腦力，保丹田，外強筋骨，捷身手，充耳目，奧妙無窮，裨益匪淺也。

心肝脾肺腎存在於體內，謂之內五行。目通於肝，鼻通於肺，耳通於腎，口舌通於心，人中通於脾，是五臟之體現於外者，謂之外五行。與人交手之時，要先閉住自己的五行，即所謂「五行本是五道關，無人把守自遮攔」也。進攻時要以自己之手足，攻擊對方的耳目口鼻，此即所謂「天地之合，雲蔽日月」是也。

拳經中所謂的「四梢」，是舌、牙、甲、髮。蓋舌為肉之梢，牙為骨之梢，甲為筋之梢，髮為血之梢。與人相較之時，提起全副精力，五行一齊發動，髮欲衝冠，舌欲催齒，齒欲斷筋，甲欲透骨，鐵馬金戈，勢不可擋。故「閉住五行永無凶，明瞭四梢永不懼」。

其次，再談談五行相生相剋的問題。在技擊上，劈拳打出定式之後，前手下扣後拳跟鑽便成鑽拳；接著後手平出即為崩；前手裹挑後拳平出便為炮；上邊的手下落向內裏即為橫。這就是五行相生，是五拳相互補充的關係。雙方相搏時，劈可破崩，炮可破劈，鑽可破炮，橫可破鑽，這便是五行相剋，是五拳相互制約的關係。

這種相生相剋的關係，並不是永恆不變的，只是為初學者指出的一條簡便道路，用以作為技擊入門的手段而已。由於初學者內氣不順，外形不合，渾身散亂無章，不得不繩之以規矩，通其氣血，堅其體質，使之循序漸進，逐步得拳法之妙用。當練到一定程度後，便不可再死守這

些規矩不放。其要在於內中一氣流行，外形和順自然，內外相合。到至善處，動作再不分五拳，變化再不談生剋，而且坐臥行走，無處不是拳，或靜或動，無處不能變。千招萬式可歸納為一招一式，一招一式亦可因勢變化為千招萬式，每一出勢便有八面威風也。

古人習慣用五行、八卦來說明方位。不論自己練習或與人相較時，總要佔據中宮之位，立身中正安舒，支撐八面。其勢之飛騰變化，又總要以「意」為媒引，即在意不在力，心意一動氣自丹田而出，如虎之狠，如龍之驚，氣發而為聲，聲隨勢發，手隨聲落，錚錚然有金石之聲，如北風捲地百草俱折，如霹雷擊地，無堅不摧。

【原　文】

心與意合，意與氣合，氣與力合，肩與胯合，肘與膝合，手與足合。是謂六合。君與臣合，相與將合，將與兵合，俱成一氣。一進無有不進，一合無有不合。

【注　解】

既明五行之理，在練法上必須嚴格按照「六合」的要求去做。心與意、意與氣、氣與力相合，或者說君與臣、相與將相合，叫做內三合。肩與胯、肘與膝、手與足相合，叫做外三合。總稱六合。合是什麼意思？為什麼要合？怎樣做到合？

所謂「合」，是指在運動時全身上下四肢百骸要能互

相配合，協調一致。使全身各部動作的幅度、運動的快慢、發力的大小及方向、各肢體間的相對位置，都能恰到好處，沒有過與不及的情況。如此則自身才能平衡、穩定，轉變靈活、敏捷，便於發力。

「合」是人先天的本能，與生俱來，並非什麼新奇的東西。例如：人走路時，向前邁左腳時便自然向後甩左手；兩臂前推時，兩腳自然後蹬；兩臂後拉時，則身體後仰，雙腳前蹬，臂向後墜時則上體向前俯；舉手時肺部自然吸氣，落手時肺部自然呼氣；蓄勁時吸氣，發勁時呼氣……總之，人在運動時，根據先天本能，總是把自己自然而然地放在最平穩的狀態，做出最適合於當時運動情況的姿勢。所以「合」乃是自然的合，全面的合，包括內外相合，上下相合，左右相合，前後相合……絕不只是六合而已。初學拳者，由於動作生疏，精神緊張，彆彆扭扭，反而失去了「合」字。若能做到「拳打自然」，也就很容易得「合」字之妙了。

心，指人的思維器官；意，指人的思維活動，形之於外就體現為人的精神氣質。內中意一動，則精神振奮，目有光芒，整個神氣能將對方罩住，如貓之捕鼠，鷹之攫兔，斯之謂心與意合。內中意念一起，刺激了植物性神經，各內臟一齊積極活動起來，推動了循環系統進一步改善，一部分平時不易開放的毛細血管都開放了，氣感便油然而生，自覺臍下溫暖，腹如沸鼎，這便是意與氣合。一旦打出拳式，動作指向何處，氣便隨之而至，力也即倏然而至，意帥氣，氣催力，這就叫氣與力合。

內外一致，手腳齊到，不先不後，不貪不歉。後腳蹬，前腳蹚，手掌吐勁。肘之垂勁與膝之縱力相合，肩之沉勁與胯之抱力相合，肩之開勁與襠之圓勁一致，渾身內外上下協調一致，互相補充而毫不散亂，斯之謂六合俱備。這即是岳武穆王在其拳術要論中所說的「一動無有不動，一合無有不合」的意思。

學形意拳千萬不可入於俗套（即所謂練油了），為了達到六合，必須按每一拳式的要求，按部就班，規規矩矩地練，一勢及格再練另一勢。每一舉動，先要自己衡量是否合乎要求？稍有不合，即需迅速改正。如此一步步練去，自可少走彎路。隨著功夫漸進，拳式也越打越自然，最後就可不必再計較外形上的長短高低，專心致力於合、順二字。

正如劉奇蘭老先生云：「內不悖於神氣，外不乖於形式。外邊形式之順，是內中神氣之和，見外面知其內，內外合而為一。用之於技擊時，不勉而中，不思而得，動靜鹹宜。隨彼意而動之，無可無不可也。」若能如此，方算得形意拳之真諦矣！

第三節　練功八字訣

【原　文】

頂、扣、垂、抱、月、圓、挺、尖，是謂樁功八字。八字者實乃樁功之要點，形意拳之基

礎。凡拳式站定，要八字俱備。歌曰：

（一）頭往上頂項要直，舌頂上齶調呼吸，手指外頂腕放鬆，三頂齊頂是真機。三頂身法腳提起，肛門提起如平飛。腰起高行如槐蟲，身落鷂子鑽樹林。

（二）腳面弓扣趾抓地，手指弓扣鷹爪力，兩膀合扣往外送，明瞭三扣多一力。

（三）氣沉丹田氣之根，兩肘下垂雙肩沉，兩膀垂墜往裡夾，三垂齊垂訣竅真。

（四）丹田氣抱訣竅真，心意把定聚精神，胳膊要抱有撐勁，三抱齊抱氣貫身。內外一氣堅如鐵，四梢齊發方為真。

（五）胳膊漫弓似月牙，腿膝漫弓似月牙，手腕漫弓似月牙，三月拳式是真法。明瞭三月多一巧，三月齊動敏力發。

（六）胸脯要圓氣下沉，脊背要圓似猴身，虎口撐圓掌心空，三圓齊圓是真形。

（七）挺腰豎項勁抖擻，腿膝要挺樹生根，胳膊伸挺有舒勁，三挺齊挺力百鐘。

（八）出手總要看三尖，鼻尖手尖與足尖，三尖齊照如一線，落步六合是真拳。

【注　解】

1. 頭頂、舌頂、指頂，謂之三頂

頂頭豎項不但是形意拳的要求，也是各拳種和各派氣

功在姿勢上的共同要求。其目的是為了溝通任督二脈運行的氣路。頭為三陽之會，頭上頂則真陽上沖。正頭起項，壯面凝神，則真氣自海底升起，下會陰向後過命門而直上夾脊，經玉枕達聰門。

舌為心之苗，舌頂上齶則心火沿任脈而下降，可收水火既濟之功。舌頂上齶以鼻呼吸，使任督二脈在上部接通。氣自聰門而下，從口入，經舌，沿任脈下於丹田，自腰椎以下將骨節鬆開，尾閭向前上兜轉，提肛縮臀收小腹，則任督二脈在下部溝通，於是氣行滾滾形成小周天循環。

指頂則氣貫四梢而感覺靈敏。手腕不用力，同時沉肩墜肘，掌心微向前塌，叫做鬆腕。指頂腕鬆，有前伸之意，無前伸之形，則氣自肩井、曲池兩穴，沿臂而下，直貫掌指。氣勢吞吐，掌中旋轉，有推山入海之功。

三頂之中，頭頂尤為重要，頂頭、豎項、蹬足，是發力的根本。試看馬拉重車上坡時，塌腰、蹬後腿、頂頭豎項以出力。

練拳者，為了內順外合，氣充力足，其拳式動作也必須符合這一生理上的特點。在做到三頂，內氣暢通順遂之後，足心上提，兩腰眼同時微微上起，則氣自腳下而起，便覺身子輕靈，步履輕便，動轉無遲重之虞，如同快步履薄冰一般，提氣疾行如飛而過。昔日劉奇蘭老先生有云：「蟄龍升天機關在腰。」斯之謂歟！

2. 腳趾弓扣抓地，手指如鷹抓物，兩膀向前合扣，謂之三扣

此乃練鷹爪大力法的姿勢，是形意拳的特點。「虎威鷹猛，以爪為鋒，爪之所到，皆可奏功」，即是此意。兩膀合扣如熊膀之勢，則自然能拔背涵胸。所謂合扣並非用力前合，而是將肩放鬆，微微下沉，鬆開胸大肌、背闊肌和雙頭肌，拉開兩片扇子骨（肩胛骨），將兩肩井穴軟意鬆開向前一送，則背自圓而勁自出。這就是《內功經》上所說的「鬆肩以出勁」。同時還要驚起四梢，一齊用力，這即是練大力的方法。

3. 氣垂、肘垂、肩垂，叫做三垂

三垂之中首要的是氣垂。氣垂即是氣沉丹田，能氣沉丹田則下盤穩，中盤活，四肢靈。所謂「氣沉丹田，身穩如山」是也。欲氣沉丹田，首先胸要虛，腹要實，橫膈下降。太極拳名家郝家俊先生稱這種狀態為「胸中空洞洞，肚裡沉甸甸」。形意拳前輩孫祿堂先生管這叫做「心腎相交，水升火降」。

氣垂丹田的關鍵在於將腰胯以上部位放鬆。而將這些部位放鬆的關鍵，又在於沉肩。沉肩與墜肘是一個動作，肘墜而後肩能沉，肩沉而後胸肌、背肌才能放鬆，背自拔而圓，臂自長而活，整個身軀與上肢乃能靈活自然，無絲毫抽扯游移之形了。兩肘下垂則兩膊自圓，既可增強兩臂發力的吞吐之勢，退又可以固兩肋。三垂之勢一做，便可意帥氣，氣催力，腰催肩，肩催肘，肘催手，內外上下，渾然一體。

肩肘之作用甚為重要，前臂被制，必用肘化，大臂被制，必用肩化。肩肘僵直不靈，則整個上肢即失去攻守之能力。此不可不知也。

4. 丹田抱，心氣抱，兩膊抱，謂之三抱

氣自湧泉升起降入丹田之內，要將氣抱住，存於丹田之內，如同一個球一般。所謂抱住，是指氣在丹田勢如沸鼎，在存與放、動與靜之間，千萬不能形成「氣貫丹田」或「入力丹田」。抱是出於自然，貫乃出於勉強，要切實注意。欲發人時，以我之氣球對準他之球，照直而去，擊發必準。心抱而精神聚，又叫「神抱」或「神凝」。必神凝而後氣才能通，所以神抱是丹田抱的必要條件，二者要同時體現，相輔相成。

神凝時，精神高度集中，猶如一支部隊下達了戰鬥總動員令一般，全體處於戒備狀態，雖外似安逸而內中則氣勢騰挪，處於一觸即發之間。這是每一個武術家必須具備的功夫，非有此，在格鬥中不足以取勝也。胳膊抱圓，肩沉、肘墜、背鬆，則兩臂相通，所謂神通在背也。欲思做三抱，在站樁時必須頂頭，豎項，抱胯，提肛，沉肩墜肘，拔背涵胸，提膝，還要提起全副精力，戰戰兢兢，如履薄冰。祁州張鑒塘先生管這叫「站功集力法」。練之日久，自能心凝神聚，氣不外散，力達四梢。

5. 胳膊微屈，腿膝微屈，掌向前塌而腕子微屈，總稱三曲或三月

形意拳每個拳勢，都取既舒展又曲蓄之勢，而不許挺直僵硬。故每一出勢，要做到三屈。胳膊屈即是沉肩墜

肘，肩向前送以出力的結果。膝屈乃鬆腰、抱胯，膝下沉而又前縱之勢，腿便彎成半月之形，下盤力富而穩健。坐腕塌掌，伸縮自如，出力有吞吐之勢，則手腕自成半月之形，力湊而綿綿不斷。總的說來，三月乃內家拳「力以曲蓄而有餘」、「曲中求直，蓄而後發」之勢。

四肢發力是肌肉纖維收縮的結果。肌肉若預先拉長然後再收縮，就可發出更大的力量。

實驗證明，當肘與膝微屈到135°，有關的肌腱正好預拉到生理上所謂的「適宜長度」，此時的肌腱收縮之力最大，做「功」最多。因此，我們規定形意拳式的「曲」多在120°～150°之間。以「三月」之式與人接手時，渾身有圓而整的掤勁，關節富於彈性，伸縮自如，用勁不斷。以之為守，只須用腰腿的擰轉即可很容易地化開對方之力；以之為攻，可應時而發，不須再蓄，又能最大限度地運用肌肉的收縮力，故其力迅且猛也。

6. 背圓、胸圓、虎口圓，謂之三圓

這是內家拳用以接通任督二脈，以氣催力發出內勁的真形。胸圓並非挺胸凸肚，乃是既挺拔又要心窩微收，胸出而閉之意。胸圓而後兩肘得力，纏裹收放，攻守皆宜。做得適宜則兩肘力全，呼吸暢通，做得過分則肺部受擠壓而有礙健康。

背圓又叫「猴背」，背有拔之意，鬆開肩胛骨，肩向前送，則脊椎自能節節鬆開。這就是《內功經》上所說：「撒開二六連環鎖，一點靈光吊在眉。」此時再鬆開兩胯，氣聚於丹田，椿步穩實，任督暢通，精貫於頂，力自

命門上至夾脊，分左右布於兩膊。虎口撐圓，鬆腕塌掌，氣貫掌指，勢一動便有吞吐蓄發之意。

7. 身挺、膝挺、胳膊挺，謂之三挺

只可有挺之意，不可有挺之形。肘仍要下垂，膝仍要微屈，腰仍要下塌。全身在放鬆之中不是往一起圪蹴，而是有伸張挺拔之意，宛如黎柱支傾有立木頂千斤之勢。發力時，頂頭、豎項、塌腰謂之身挺，身挺則頭部正直，精氣貫頂，脊骨拔開，督脈暢通。後腳蹬勁謂之膝挺。此乃力之源泉。沉肩墜肘往前送勁，是胳膊挺。拳家術語叫做「鬆勁」。

三挺齊挺則命門真氣直貫於頂，後下於丹田。力自腳跟而起，既正且直，直貫掌心與指梢。做到好處，其勁又軟又硬，鬆如繩之繫，悍如水之清，妙不可言。

8. 鼻尖、手尖、足尖，謂之三尖

凡一舉手，先要看三尖是否對準，是否在同一個垂直平面中，三尖是否與發力方向一致。三尖對正，才能發勁如放箭，得形意拳中「直」之妙用。凡發力必起於後腳跟，上過命門到夾脊，分別左右順胳膊貫於掌指，如同一根鋼性杆件一般，足跟微微一蹬，力便從指尖那裡冒出來，傳遞極快而且所傳之力極大。

為何三尖一定要在同一垂直平面中？這是由於力學中的平衡原則所規定的。發力以進擊對方時，總以能將對方擊出去而自身則穩如泰山，方為得體。從力學觀點來看，當我擊中對方時，我自身的重力、我後足蹬地之反力與擊中對方時來自對方被擊點之反力，三者應成一平衡力系，

我身才能穩固。而三力平衡的必要條件是共同作用於同一平面內且匯交於一點，只有三尖相對才能達到上述三力之平衡。反之，如三尖不對，此三力便有可能形成對自身重心的不平衡力矩，在此力矩的作用下，於擊中對方的同時，自身也將產生旋轉或移動而不能中正安舒，此乃拳家之忌，不可不知。

三尖對正是對己的要求，將勁放到對方身上是否能打得動，還要掌握「端、的」二字。我發力時，我掌與對方身體相接觸之點，即著力點，叫做「端」。我力發出後要從著力點直貫到對方身上另一點，那個點叫做「的」。「端」和「的」將連成一條直線。能否打動對方與「的」的選擇有密切關係。

根據筆者實踐經驗，如將掌放到對方前胸而意在對方後背，即「的」在後背，是打不動對方的。對方稍一涵胸轉腰就可化開。如我意在對方命門，也就是說我打的是從對方前胸直貫對方後腰的這條直線，則對方上半身便僵而不化，非換步不能化開。如我將「的」放在對方後腳跟上，則對方全身便如同一根硬棍，既不能轉腰也不能換步，一發力便能打出去。

二人做研究性實驗，很容易證明這一點。如在二人較技之時，化發在瞬息之間、毫髮之際，時機稍縱即逝，非平時刻苦鍛鍊有深功夫的人，是頗不易做到的。

周身八字二十四法是一個整體，沒有先後主次之分。每一做勢，便要處處合乎要求，不能有所側重或有所偏廢。因為人體是一完整的機體，一肢動而百骨隨，牽一髮

而動全身。某一方面的太過或不足，往往會導致其他方面的不足或太過。一點不對，常引起整體姿勢與勁路的悖謬，要切實注意。

初練時要慢不要快，要嚴格不可大意。每一勢在基本正確的基礎上要反覆練習十幾萬到幾十萬次，甚至上百萬次，才能形成動力定型，少了是不行的。望學者要有耐心、有決心、有恒心，萬勿揠苗助長，欲速則不達也。

劉奇蘭先生八大弟子之一劉文華先生，曾任天津武士會總教練、清華大學堂武術教授。他在清華大學教拳時，為了初學者便於掌握，特提出了練法八要：

穀道提，三心併，三意連，三尖對，五行順，四梢齊，心要暇，眼要毒。

穀道提即提肛。三心併者乃頂心往下，腳心往上，手心往回，三者合於一處。頂心往下則上之氣可下注於丹田；腳心上提則下氣可上行而注於丹田；手心往回縮則外之氣可回聚於丹田，三心併，氣乃歸於一。

三意連即心意、氣意、力意連而為一。也是要做到內三合之意。三意中以氣意為主，氣意練好則可內應心意，外帥力意。

三尖對即上邊所講的三尖。

五行順即「內五行要順，外五行要隨」，架勢所至而力氣注之。

四梢指的是：髮為血梢，舌為肉梢，甲為筋梢，齒為骨梢。發力時，舌抵齒根，髮欲衝冠，甲欲透骨，齒欲斷

筋，謂之四梢齊。

心暇指的是：練功時心意安靜，不慌不忙，內固精神，外示安逸，神不外散。

眼毒有疾敏之義。練功時要提起精神，內氣充盈，氣下於海，光聚天心，目有神光，芒可射人。切不可萎靡渙散。

以上八要，雖非拳譜所載，然實係劉文華老先生數十年實踐的切身體會，書之於斯，以供練功者參考。

第四節　總要十六訣

所謂「十六訣」，即一寸、二踐、三躓、四就、五夾、六合、七齊、八正、九經、十驚、十一起落、十二進退、十三陰陽、十四五行、十五動靜、十六虛實。這十六訣乃是練形意拳的基本訣竅，其中既包括了對形意拳的全面認識及形意拳拳理，也包括了練法上的原則和技擊上的應用。

有理然後才能有法，有法然後才能有技。所以學者只有懂得了十六訣的深奧含義，並按照此拳理所指示的法則進行鍛鍊，才能在技擊上打出形意拳的「真形」。發揮出形意拳應用的巨大威力。

【原　文】

一寸，足步也。

【注　解】

寸者，短也、近也。距敵只有一寸之遠，進步只需一寸之長，發勁只需用寸勁……所以廣義地講，寸者乃近戰之意。形意拳之獨特之處在於近戰，形意拳之威力也在於近戰。近戰莫善於鑽進去打，鑽得越近，自己越保險，同時也越便於將對方發出去。當對方距我甚近，只有一尺或八寸之遠，或我已被人擠住，身挨身之時，前足稍進（寸步），同時渾身發抖擻之力；或者步不動，只沉肩墜肘塌腰縱膝，鬆開井池雙穴，全身一抖發出整勁，如炮爆炸，如虎抖毛，這就叫寸勁。前輩武術家常說：「打人如親嘴。」如親嘴是「接近」的意思。

發寸勁時，出拳不再分起落鑽翻，也不再分起橫落順，也分不出哪是破哪是打了。起落鑽翻橫順破打，全寓於這一發之中。打也是破，破也是打，打中有破，破中有打。這就叫做「不鑽不翻一寸為先」。

比如對方以拳向我當胸打來，其力甚大，接手後我頂不住，撥不開，就可順其勢將其手引到我身上，繃住勁用腰來化。以我之根節化對方的梢節，一化即開。在化的同時，我之頭肩身步一齊乘機而進，腰腿亦同時蓄了力，繼之將我勁鬆開一抖，便可奏功。或者一手接對方手腕，另一手接對方大臂，在將捋未捋之間，其形未露之時，接住彼勁，雙肩向前一鬆，雙手一抖，亦可將對方跌出。欲用寸勁，一要能鑽得進去，二要能接住對方的勁，三要會發寸勁，三者缺一不能奏效。故平時要多多單練操手。發寸勁之法是兩腿往下蹲勁，腰向後弓向下坐勁，兩胳膊向前

鬆勁，三者同時動作，勁短而整。

【原　文】

二踐，腿也。

【注　解】

踐即踐步。即所謂「馬奔虎踐」之步也。與對方相距丈而八尺之遠，或對方一接手便想逃跑之時，用此步法趕著打，最為得力。這也就是拳經所說：「起如箭，落如風，追風趕月不放鬆」的打法。十二形中的「神龍游空」就有踐步之意在內。進時要先進前腳，退時要先退後腳，這是形意拳步法上的特色，此法永不可易。一寸一踐，一近一遠，互相補充，則遠近皆宜。

【原　文】

三躦，身也。

【注　解】

躦是身法，也叫做鑽。雙足縱起是躦，足不離地而腰向上起勁也是躦。往高處是躦；往遠處也是躦。十二形中的「伏龍升天」、「燕子抄水」、「神龍游空」、「猴爬竿」等，內中都含著一個躦字。

【原　文】

四就，束身也。

【注 解】

就，也是指身法而言。乃上下束而為一之意。束身時可化可進，又可蓄力而待發。練時，從高縮到矮，如同縮入地裡之意；從前縮到後，如同猛虎坐洞一般。渾身上下束而為一者，乃是胳膊腿都稍屈，往一起就，背如背鍋，手足四肢與氣海連在一起，胳膊好像長在腰上而不是長在肩上。此時氣聚於丹田，全身像一個打足了氣的球，具有很大彈力，又能靈活旋轉。要注意在「就」之中，處處時時都要暗含著伸長之意。

柔身而進時，「就」著身子宛如螺絲擰旋而進，有機可乘便將身一長，將勁一放，發出很大彈力。「躦」與「就」是互相補充的，有就才有伸，有蓄才有發。一就一鑽，一縮一伸，就為鑽創造條件，鑽乃是就的繼續，二者相輔相成，「就」形成了蓄發伸縮攻守之勢。

【原 文】

五夾，即穀道上提，兩股夾緊也。

【注 解】

夾，指兩腿相夾，是步法也是身法。兩胯相合，提肛縮腎，兩腿相夾如剪子股勢。比如潛龍下降，青龍出水，狸貓上樹，龍虎相交……都體現了夾。從身法上看，夾是左右相合，上下相合。意即渾身上下，合而為一，可縮可伸，可就可躦。

【原　文】

六合，即內外六合也。

【注　解】

合即內三合外三合之意。手與足合，肩與胯合，肘與膝合，心與意合，意與氣和，氣與力合，統稱之謂六合。其實，處處要合，不只六合也。

打形意拳主要看和順二字，和是內氣之中和，順即外形上四肢軀幹、頭身手足之自然配合。總要內不悖於神氣，外不乖於形式，方為得體。

【原　文】

七齊，疾而毒，內外一致也。

【注　解】

齊，即整齊一致之意。內外如一，周身一家，即是整勁，即拳經中「手腳齊到方為真」、「手腳齊到如點炮」之意。要想做到齊，必須注意三心併、三意連、五行順、四梢齊，還要心中安逸自然，毫無惶惶急遽之感。如此則息易調，神易凝，氣易聚於丹田，各經絡之氣流行暢通，循環無端，然後才能上下相隨，手足相顧，內外合一，發勁如放炮。

【原　文】

八正，直也。看正是斜，看斜是正。

【注　解】

正者，意正、身正、力正也。意正是指意念而言，要光明正大，正氣凜然。必如是才能養吾浩然之氣，行於肺腑，貫於四梢，發之而為武術之絕技。

身正是指體型而言，不能前仰後合，左偏右倚，要謹形意拳的要求做勢。只要符合要求，雖斜亦是正；違反了規定，雖正亦斜。力正是指發力要正而且直，以我之球擊彼之球，不能有一絲歪斜彎曲之意。我之勢是在方圓中變化，勁無一定方向，然而要在無定向中找方向，這就是「曲中求直」的真實含義。

從幾何上看，每一條曲線本來就是由無窮多條微小的直線段所組成的，每一條直線段的方向就是曲線上該點處的切線方向。我沿曲線運動時，速度的大小和方向是不斷改變的，一旦接住對方的勁，我勁便立即沿此切線方向照直而去，宛如一根筆直的鐵棍，又直又硬，後腳一蹬其力直貫前手，勢如放箭。此時要求三尖相對，手尖、鼻尖、腳尖對不正，則自身用力不均，氣便散亂，無「整」之可言矣。

【原　文】

九經，十二正經奇經八脈也。

【注　解】

拳勢要按規矩練習，內氣要按經絡運行。其中奇經八脈，最為重要。八脈為先天大道之根，一氣之祖採之唯

的陰蹻為先，此脈才動，諸脈皆通。八脈上通泥丸下透湧泉，倘能知此，使真氣聚散，皆從此竅，則天門常開，地戶永閉，血脈周流於一身，貫通上下，和氣上潮，得之者身健。其中督脈在背後，係全身之陽氣；任脈在胸前，統一身之陰氣，尤為重要。衝脈自胸前分左右兩側上行，為十二正經之海，關係到先天、後天之真氣。帶脈環行幹腰間，有總束諸經絡之用，得之則腰椎靈活有力。二蹻、二維在腿及身軀之兩側，貫通上下，調整陰陽，有矯健全身，使步履輕捷多力之用，故習武者不可不知也。

【原　文】

　　十驚，驚其四梢也。如火機一發，其物必落。

【注　解】

　　發力欲整，必須氣貫四梢。氣貫四梢之時，舌欲催齒，齒欲斷筋，髮欲衝冠，甲欲透骨，說明內氣已足，體內各個器官都已充分發動起來。

　　所謂驚，是指發動極快，如猛獸被驚而發威，張牙舞爪，目射凶光，毛髮皆豎。與人相較之時，要做到「遇敵好似火燒身」，全身發動要快，以應驟變。四梢之驚起，並非易事，要經過平時刻苦鍛鍊才行。

　　所以練拳走架時，要做到無人若有人，提起全副精神，如臨大敵，心靜神凝，內氣鼓蕩。要養成習慣，一動便如臨敵，雖假猶真。千萬不可心不在焉，隨隨便便亂

動，如同撩貓鬥狗，練之久便入俗套，好像打球打油了一般，便永遠難以長進。初學者尤其要切切注意。

【原　文】

十一起落。起去落打，如水翻浪。

【注　解】

形意拳打的是起落。必須明辨起落鑽翻橫豎。就手而言，起是鑽，落是翻，起為橫，落為順。就身而言，束身而起，藏身而落。起落二字既講形也講氣，要形隨氣騰。去是起，打是落。手起氣也起，手落氣也落。內中意動而形未動之時，真氣已動，內家拳即謂之起；形未動而氣未發，形動氣發則謂之落。內外一氣相通，意、氣、力相合，一身與手足並動，便可做到「起如風，落如箭，打倒還嫌慢」。

遇敵總要意動形隨，起也打，落也打，打起落如水之翻浪，洶湧澎湃永無止息，無處不是打，無時不是打。

【原　文】

十二進退。進步低，退步高。進退不知枉學藝。

【注　解】

練拳如練兵，總要有攻有守有進有退。但形意拳以進為主，退也是為了進。一切化發變幻都緊緊圍繞著一個

「進」字。只有自己在進攻上佔有主動權，才能更有效地免遭攻擊。

「進」，從其形來看，是身手足之進，進步低，退步高，進步必須分明。從其勢來看，無論前進後退，必須得機得勢，不可勉強。也就是說，進或退要根據客觀形勢和條件的需要，不可憑主觀想像決定。

如對方勢大力猛，照直而來，則我不可強進以攖其鋒。這就是孫子兵法所說：「避其銳氣，擊其墮歸。」如對方勢背氣散，我則當機立斷，一意領先，以意帥氣，勇往直前，切不可游移遲疑而餒其氣。

頭為百骸之主，靈機於頂，故頭不可不進；活潑於腰，涵蓄在胸，神通在背，故身不可不進；勁起於足跟，運動在兩腿，故步不可不進；手有拔轉之能，故手不可不進。是故頭、肩、身、手、步一齊前進，這就叫「一進無有不進」。

進與退是事物的兩個方面，既對立又互相依存，沒有退便沒有進，退是為了進，退中有進，進便寓於退之中。進是攻，退也是攻，其要害在於主動權在我之手而不在對方之手。退和逃是截然不同的，退絕不是逃。從動作的整體上看，一身之中，上退則下進，左退則右進，腕退時肘可進，腕肘皆退時肩可以進，或手臂退而頭與肩皆進。所以進與退是沒有明顯界限的。

應該指出，無論外形上是進還是退，而內中之意必須是「進」，氣和勁總是向外發的，切不可有絲毫向回抽之意。換句話說，不管是平時自己練拳走架還是與人相較，

都必須有很強烈的進攻意識。切切牢記！

【原　文】

十三五行。內五行要動，外五行要隨。

【注　解】

關於「五行」問題，在前邊第六節「五行與六合」中已詳述過，此處不再重複。練拳時主要是內外五行相合，即內動外隨。《神運經》上講「練形而能堅」，是指外五行，「煉氣而能壯」，是指的內五行，「煉神而能飛」，是指內外合一，其氣縱橫聯絡，其勁通透穿貼，其形圓通活潑，這就叫周身一家，也叫五行合一。所以平時練拳走架要走得正，走得慢，不要貪快。脅之開合，丹田之呼吸，氣之升降，勁之蓄發，都要很好配合，不可馬虎。

從學拳練拳的過程來看，應該先由少到多，悉心體會每一拳式的特點和實質，反覆練習，力求正確掌握。然後再由多到少，從許多不同的拳式中找出其共性的、本質的東西，進一步精心研究，熔於一爐，形成自己得心應手的一兩個拳式。

這一兩個拳式乃是發展了的拳式，是真正的自己的拳式，雖只一兩式，實則包含了許多個拳式。拳經云：「準備萬般一旦無，千著不如一著熟，手急還需應之早，過後見勢不如無。」做到全部拳法盡寓於一招一式之中，才算得上「一著熟」。尚雲祥先生之崩拳，郭雲深先生之虎形，劉奇蘭先生之龍形搜骨，宋世榮先生之長蛇一式，其

所以名聞海內者，莫不如是也。

【原　文】

十四動靜。靜為本體，動為作用。若言其靜，未漏其機。若言其動，未見其跡。將發未發之間也。

【注　解】

動靜之機，乃內家拳之根本。靜為本體，動為作用。比如二人較勇之時，若自己周身鬆開，真氣聚於丹田，內外合成一氣，寂然不動，待機而發，此時即謂之靜，也叫做「體」。若一發動，則曲直剛柔縱橫伸縮起落變化，都是拳之為用。

從健身角度來講，拳之為用是要使全身氣血流行不滯，各部營養得以改善，機能加強，以起到祛病延年的效果，故應以動為主。譬如流水不腐，戶樞不蠹。如從克敵制勝來說，要主動進攻，也應以動為主。

靜是為了動，動與靜是相輔相成互為補充的。坐功、站功是靜中求動，行功、練功是動中求靜。動固是動，靜也是動，不過其表現形式不同而已。比如打手，雙方初一接觸，我則調息、凝神，精力集中，腹如沸鼎，氣勢騰挪，靜而未漏其機，欲動而未見其跡，這便是靜中寓動，也就是拳經的「彼不動己不動」。一旦摸準對方的勁路，在對方之勁已發而未出之時，我便急速照直擊去，使對方之勁欲出而不得出，欲罷而不能回，則我可剋而勝之。這

在孫子兵法上叫做「後發先至」。

這時我在形式上雖已發動，而心意仍其甚為安靜，內外十分順遂，千變萬化不失其機，無一絲一毫努筋拔力之感，這即是動中寓靜，雖動猶靜之意。所以拳家要善於把自己放到精神高度集中，心意十分安靜，氣勢極其騰挪，在將發未發之間。這就是掌握了「動靜之機」。

【原　文】

　　十五虛實。虛是精，實是靈，精靈皆有，成其虛實。

【注　解】

練拳要分清虛實，要明瞭虛實之間的相互關係。從本體來說，藏於內者為虛，形於外者為實。拳經上說：「精養靈根氣養神」、「打法不脫丹田精」，精藏於內是虛，形之於外則拳勢圓通活潑，發力迅猛沉實，這是實。虛實俱備，乃成其拳。從拳之為用來說，沒有虛便不能飛騰變化；沒有實便趨於飄浮，不能克敵制勝。虛並非完全不用力，貴在氣勢騰挪將發未發之間；實非狠下死勁，貴在精神貫注，氣到力到。實與虛互相補充、互相轉化。

兵法有云：「實以虛之，虛以實之，虛虛實實，亦虛亦實」。打拳也是這樣，虛實要分清楚，虛實要能變化，要實中有虛，虛中有實。掌握了虛實變化之機，便能因勢利導變幻莫測。自己練功時，每一拳式何處實、何處虛，何時實、何時虛，都有一定之規，不可錯亂。比如練三體

式，後足要實，前足可實可虛，即便踏實亦是騰挪之勢。其他各個拳式，莫不如是，拳式之間的變化是否和順，全在其虛實變化如何，必須悉心體會。

【原 文】

十六陰陽。看陰有陽，看陽有陰。天地陰陽相合能降雨，拳術陰陽相合才能克敵。

【注 解】

陰陽，是拳的總綱。陰陽之理是唯物辯證法在武術中的具體應用。故各種拳派都要講陰陽，練拳者不可不知也。所謂陰陽，用現代語言來講，就是矛盾之雙方。矛盾雙方既相互對立又相互統一的特點，即「陽中有陰，陰中有陽，陰中有陰，陽中有陽」。陰與陽兩個方面是相互制約的，一個方面太過，必然導致另一個方面的不足；一個方面不足，又會導致另一個方面太過。同時陰陽兩個方面又是相互補充相互作用的，在一定條件下，又可以互相轉化。二者如能配合恰當，各無不足與太過的現象，就叫做「陰陽既濟」。

拳中的呼吸、開合、進退、起落、剛柔、蓄發等，統稱之為陰陽。所以練拳者要先明瞭陰陽之理，而後才能正確地處理這些問題。比如平時自己練拳，每打出一個拳式，即是在當時特定的條件下取得了平衡。要想從一個拳式變到另一個拳式，必須破壞原來的平衡去建立新的條件下的新的平衡。不善於取得平衡，便打不出正確的、合乎

要求的拳架子；不善於破壞平衡，打出的架子就是不能變化的、僵死無用的。

比如打出一個劈拳，它既是劈拳又不是劈拳，既是一個實在的拳式，同時又孕育著其他的、虛靈的、將變而未變的新拳式。再如「化」（在形意拳叫做破），無非是使對方從有利狀態轉變為不利狀態，同時使自己變得更和順更有利，在得機得勢時，可以把對方打出去。

而所謂「發」（在形意拳叫做打），不過是化的繼續，是將對方化到最為不利的狀態上了（跌倒）。所以化與發，看起來是相反的、對立的。其實它們又是統一的，不可分割的。在化的過程的每一個階段，都包含著發。化的開始即發的開始，化的過程完結了，發的過程也就完結了。發即寓於化之中。武術前輩們經常說：「打即是破，無破不打」，就是對這種辯證關係的具體說明。

我們對形意拳的認識和實踐活動，應該以唯物辯證法即矛盾的對立統一原理作為理論指導，非此不足以揭露拳的本質以提高我們的認識，亦非此不足以發揮拳的健身和技擊上之妙用。

第五節　手、腳、步、身法

形意拳如同其他拳種，也講究手法、腳法、身法、步法、交手法，等等。但形意拳之法與其他拳種之法迥然不同。形意拳著重於拳法之基本原則的應用，而不是追求其一招一式的長短高低。茲按拳經所載，分別敘述如下。

一、手 法

【拳經云】

手法者何？單手、雙手、起手、領手是也。束身而起，翻而落，起如舉鼎，落如分磚。筋梢發勁謂之起，筋梢不發勁謂之領。手撩陰，肘護心，有曲有直，如虎撲人。

【注 解】

對形意拳的手法，必須徹底弄清起落鑽翻橫順。若用單手，起為鑽，落為翻；起是橫，落是順。手一動即謂之起，由動而直上而出謂之鑽，鑽之後小魚際稍外扭謂之橫，由扭而至虎口向上時即為翻，此時勁為順手亦近乎落矣。這即是起橫落順之意，打劈拳時最為明顯。若用雙手出勢，仍是起鑽落翻，起橫落順。或雙手交叉而起，至頂上，然後向兩邊分而落，如鮐形振翅一般。若自胸前起向前翻而落，必須起如虎之撲食，落如鷹之抓物，起鑽落翻要分明。在打起落時，如筋梢發力則叫做起手；若筋梢不發力，手起而不落，則謂之領手。

無論哪種手法，胳膊都要似直非直，似曲非曲，總以肘能護肋，手能護心為妙。

二、腳 法

【拳經云】

足法者何？起鑽落翻，忌踢宜踏而已。起足

望膝，起膝望懷；起似伏龍升天，落如劈雷擊
地。

【注　解】

以腳法言之，仍然是起鑽落翻，要和手一齊動作，緊
密配合。起腳如同手之撩陰，其勁上翻；落腳如巨石入
水，其勁下紮。用腳時最忌上踢，蓋因腳踢一身皆空，自
己先拔了根而易為人所乘也。腳打時宜用踩，起腳便向對
方腳面、兩臁或兩膝直踏下去，如同狸貓上樹，四肢並
用。如用膝打，則提膝直向對方陰部、小腹或前胸頂去，
其力極大。

手法、足法，本自相同，不過用足法時尤須知動腳如
虎行之無聲，龍行之無蹤，方到好處。

【拳經云】

　　起無蹤，落無形，足去好似捲地風。遠處不
發足，發足必定輸。若遇人莫心焦，踩足二起鴛
鴦腳。後腳趁前腳，後腳踏腿彎；後腳趁前腳，
前腳未實後腳起。先進左腿，左腳未落右腳起；
先進右腿，右腳未落左腳隨。

【注　解】

進腳時，不可向前邁步，應先將腳稍提離地面，使腳
底與地面平行，相距約4.5公分（一寸半）之高，然後照
直向前蹚去，若無物然。不管遇到何種阻攔，要像推土機

一樣，照直向前鑽進去。如與對方相距較遠時，切不可發腳，發腳必為人所乘。

這時應該使用郭雲深老先生「遠地宜緩之法」，聚精會神，緩步迂廻接近對方，然後再猛撲上去，接手後仍要鑽進去打，用踏、砍、擁諸腿法。倘遇群戰之時，對方人多或有棍、棒、器械，則不可直取硬進，要三回兩轉，連腿帶腳並剪而上，即所謂「踩足二起鴛鴦腳」也，曹繼武先生常用之。其法為前腳未落後腳即起，或先腳未實後腳即隨，行之甚為有效。

三、身　法

【拳經云】

身法有八要，起、落、進、退、反側、收縱而已。

【注　解】

在身法上，同樣是起為橫，落為翻為順。如鷂子入林束身而起，藏身而落。從意和氣上來說，起則高揚其身，若有增長之意；落則低抑其體，如有攢捉之形。

當進必進，要側其身而勇往直前；當退則退，應領其氣而回轉伏勢。進步要低，退步要高，起如挑擔，機關在腰，一收一放，行如槐蟲。還要切記頂頭豎項以通督脈。前腳要平直蹚出，如鑱車之鑱鋼板然；後腳要跟，宜平移而勿拖拉。渾身之勁一齊向前伸，貴直、貴速、貴整。反身顧後，後即是前，側顧左右，左右不分。斯之謂「進、

退、顧、盼」。回身時必須在扣步擺腳轉身的同時，邊接手，邊護襠，邊護面。有接有護有打，三者合一，方為妙用。拳式中之「狸貓倒上樹」、「白蛇纏身」、「鷂子翻身」等，莫不如是。

收縱者，斂如伏虎，即如靈貓捕鼠時，收身後斂待機而動之勢，此所以蓄勁也。縱如攫食，此是蓄而後放也。縱時以中平為宜，以直去為妙。這就叫做「曲中求直，蓄而後發」。從收到縱，從蓄到發，似乎中間有停頓間斷之處，其實內中之意氣仍是連續的，而且連得很緊，絕無停頓。這就是拳經上「收即是放，斷而復連」之意，也叫做「勁斷意不斷」。

縱力時要不俯不仰，不偏不倚，向前則一直而去，向後則一直而落。所謂縱橫因時以變遷，高低因勢而轉移，機關在腰，變通在心，不能一概而論。

四、步　法

【拳經云】

步法者何？寸步、快步、墊步、過步、踐步、剪步是也。

【注　解】

形意拳式雖簡，其步法卻有六種之多。

寸步者，當離對方只有尺把遠之時，腳只微進一寸之遠，或者只一抬一落而不進步，手足一齊發動，勢如點炮，又如雞之抖翎，虎之抖毛，四梢齊發，謂之寸勁。

　　快步者，當距對方五六尺遠時用之。其法為起左腳，急上右腳，左腳用力一蹬，平飛而去，如炮拳之步法。

　　墊步是一小步兩大步，共三步為一步。如左腳在前，仍先進左腳，急上右腳抬起左腳，右腳用力一蹬，同時左腳進一大步，右腳跟步。虎形之第一步便是這種步法。昔人云郭雲深先生打虎形，「一步三丈五」，指的即是墊步也。

　　如遇對方身大而力猛者，則用過步。不論起前腳或起後腳，應即將所起之腳攢進，直踏過對方後腳，手到力發，則對方自跌出而我自己則頗不費力。這就是拳經上說的「腳踏中門搶地位，便是神仙也難防」。

　　踐步，也叫野馬蹟蹄之步。如鷂子入林，左腳在前，仍進左腳，急上右腳蹬左腳，照直而去，右腳落地的同時左腳提起，置於右腳內側，摩脛。此即馬奔虎踐之步也。

　　剪步即龍行步。遇對方急退，我趕打時用之。起前腳，後腳起而未落之時，前腳仍向前墊一步，後腳而橫踩落地，兩腿成剪子股勢，手與腿相合。此即神龍游空，烏龍擺尾，追風趕月不放鬆之打法也。

　　總之，步乃一身之根基。身欲動而步為之周旋，手欲動而步為之催逼，上欲動而下自隨之。進退轉換，無不以兩足之行動為之轉移，故步實為身之砥柱，至為重要。

五、一身之總法

【拳經云】

　　勾欄捌架不為能，顧開截追是英雄。上法手

為妙，進法步佔先。工、順、勇、急並狠、真，
內外一氣緊相連。三性調養多妙用，遇敵取勝不
為難。

【注　解】

所謂「一身之總法」，即攻守之總法也。各人之體會
不同，經驗有別，故其法亦有異。按形意拳第二世傳人曹
繼武老前輩之傳於後世者，計有顧法、開法、截法、追
法、上法、進法之不同。

顧法亦即破法，可分單顧、雙顧、顧上、顧下、顧左
右、顧前後。單手顧用截手，或裡截或外截；雙手顧則用
橫拳或馬形，或用雙截手，或用八字功中之「裹」之功；
顧上用沖天炮或烏龍倒捲水；顧下用掃地炮；顧前後則用
前後掃錘，撤身反背，望眉斬甲；顧左右則用填透炮、鼉
龍戲水，烏龍翻江。拳一觸即發，顧中有打，顧即是打。
絕不像其他拳種先勾攔捆架而後再進招。

開法用熊形，肘開，肩開。用逬勁者曰剛開，如豆角
炸開豆子逬出；其勁柔者曰柔開，勁涵蓄於胸而鬆活於肩
背。

截法者，有截手、截身、截言、截面、截心諸法。截
手者，彼手已動而未到，我急截之；截身者，彼微動我即
先截之，使不得出；截言者，彼言方露其意我即截之；若
彼面露其色我即截之者謂之截面；彼目笑眉喜意甚恭而心
有殺機，我能察而迎機以截之者，謂之截心。上法以出手
為妙，進法以動步為先，而總以身法為要。

形意拳離遠不發招，發招必是鑽進身去打。意動而身動，手動而腳隨，手腳齊到方為得體。手起如丹鳳朝陽，進步搶入，搶上踩打。氣勢要雄壯，身法要靈活，手足相連，內外一氣，倏然即至。

上法有六方：曰工，巧妙也；曰順，順敵來勢之自然也；曰勇，果斷也，畏懼遲疑，兵家大忌；曰急，快也，手急也，當發即發，刻不容緩；曰狠，舉手不容情也，心一動而內勁即出；曰真，發心中得見之真，使對方難以變化，為我所制。六方明，則可得上法進法之妙用。

在以上數法之外，還有所謂三性調養法。眼為見性，所謂眼觀六路；耳為錄性，所謂耳聽八方；心中時常驚醒，所謂高度警惕。此三性者武藝中所不可缺少者。知此三性，則精靈之意在我。先事預防，不至為人所算，則可無失機之虞。

人體各部都是一個整體，大腦為指揮官，手足身步法五者，自有其內在的密切聯繫。大體上說來，手管上下，腰司左右，腳主前後進退；肘管護肋，膝管護襠，手管護面、護心。又兩手各管半邊，以自身中線為界，各有防區，不相逾越。各部分如能恪盡己責，配合恰當，則動轉挪移，攻守進退，自能圓通活潑，得心應手。如不明瞭其中關係，各部分不適當地亂動，不能恪盡己責，卻去多管閒事，必將互相干擾，互相牽涉，發揮不出各自的潛在能力，而終歸於失敗。學者不可不知也。

第六節　論交手

【原　文】

起為鑽，落為翻，起為橫，落為順。落順不見順，起橫不見橫，起落二字要分明。起似伏龍升天，落如霹雷擊地，起如挑擔，行如槐蟲。起無形落無蹤，起意好似捲地風。起不起何用起？落不落何用落？低之中望為高，高之中望為低，起落二字與心齊。未起身先側，未落身先墜；未起如摘子，未落如墜子。拳去不空回，空回總不奇。手去如鋼銼，手回如鉤竿。能叫我先動，莫叫他起拳。不鑽不翻一寸為先。破中即是打，打破緊相連。

【注　解】

練形意拳，打的是起落、鑽翻、橫豎、升伏。起落鑽翻是外形，橫豎是勁路，升伏是內氣。外形是內氣運行的外在表現，內氣是變勢發勁的原動力。升，是指吸氣時真氣自湧泉升至聰門（前額上方）；伏，指呼氣時真氣仍下降而歸於丹田，復降至底；覺周身之氣漸小，如龍蟄虎伏。豎也叫順，是指自肩至足底；橫是指自兩背骨至兩手。鑽翻是指兩手的陰陽變幻。手背為陽，掌心為陰；胳膊內側為陰，外側為陽，與人身手足三陰三陽十二經絡暗合。起手為鑽、為升、為橫；落手為翻、為豎、為伏。所

以手一起一落，一去一回，則勁有橫豎，氣有飛騰。在勁之橫豎變化時，內氣亦同時有橫豎之變化。個中滋味需細心體會，才能有所得。

起時用勁兒如挑擔，其跟在於腳，全體一齊用力上升，要側身而起，其內氣之升則如伏龍升天。進步如槐蟲之行，勁在足在腰，其身下墜，其氣亦下如霹雷擊地。意之起，氣之來，無形無蹤，條然而至。起手要沉實，雖是向上向前，肩肘仍要有沉墜之意，猶如鉗工推動鋼銼，勁勻而沉。回手亦不是隨便向後撤，而是向下向後，有腰臀之力，如鉤竿從高樹上勾落果子一般。去是打，回也是打。如對方來手甚快，我則前手連接帶撥帶打，以打中為破，破即是打。自外形上看，起落鑽翻甚不分明，這就是「起橫不見橫」、「起不起何用起」和「落順不見順」、「落不落何用落」的情況。

但內氣之縱橫和勁路之變化仍甚分明。如對方距我甚近，出手便能傷及我身，我來不及換步，出手也來不及鑽翻，則只能用意、氣之起落鑽翻橫豎，助之以寸步，接定對方的勁，渾身一抖，將對方發出去，所以叫做「起無形落無蹤」。這就是「不鑽不翻一寸為先」的意思。

【原　文】

出手橫拳，勢難招展，前後四梢望眉展，撇身反背虎搜山。斬手似炮行如風，把把鷹捉開四平，剪子股十字立，進步踏打不留情。拳似藥箭身如弓，踏進中門去打人。上法須要先上身，手

腳齊到方為真。拳似炮，龍折身，遇敵好似火燒
身。

【注　解】

　　橫拳為諸拳之母，故出手便是橫拳。橫拳有先天後天
之分。先天之橫是無形的橫拳，如運用三體式的形式，將
渾身放鬆（要鬆而不軟），不用一絲拙力，精神內守，氣
勢騰挪，圓滿無虧，以意行氣，以氣帥形，可以變成各
種拳，精、氣、神皆在其中。這就是「起無形」、「起為
橫」。如外形一動，手足一出，但橫勁未發，此即成後天
之橫。各種勁路皆在其中。後出手便發出橫勁，是之謂一
行一橫，為名家所不取也。

　　撇身、反背、拳砸，或扣步、轉腰、提膝、拳砸，在
形意拳叫做「望眉斬甲」。步一動即變成鷹啄之式，出拳
便是「四平炮」。此諸式自始至終貫穿著八字功的「展」
法，可以連環使用，是一種比較厲害的打法。所謂「展拳
勇猛不可擋，截梢劈面取中堂」就是指的這種展法。上用
鷹啄，下用剪步十字扁踩，同時並舉，如狸貓上樹，直取
對方兩足、兩臁、兩膝，十分厲害。

　　形意拳的進攻特點之一是近打，即撥開門戶，鑽進去
打。要想鑽進去，必須束身而進，如鷂子入林一般。又如
蛇之彎彎曲曲，擊首則尾應，擊尾則首應，擊其中則首尾
皆應。以頭領身，以身帶步，腳踏中門，直向對方褲中插
入。進身的同時，既是顧又是蓄，要蓄如伏弩；進去後手
腳齊落，動如發機。渾身上下順著一個方向，同時發力。

在此一瞬間，四梢一齊發動，不許有絲毫畏懼遲疑，猶如受到火燒蛇咬一般，渾身一抖，如火炮爆炸，打出一個整勁來，這就叫「驚起四梢」。

【原　文】

打人如走路，看人如蒿草，膽上如風響，起落似箭鑽，遇敵要取勝，四梢俱要齊。內要提，外要隨，打要遠，氣要催。遠踐近鑽進合膝，敵人沾身要縱力。起手如虎撲，下腳不落空，拳打三節不見形，若見形影不為能。牆倒容易推，天塌最難擎，雨過塵灰盡，風吹暴雨傾。架樑閃折不為重，有秤打起千百斤。身體未動可知情，才知靈心大光明。

【注　解】

與人交手時，首先要氣勢勝過對方，如關雲長之斬顏良、誅文醜，視敵人如插標賣首，勇往直前一蹚而過，如踏草芥。有膽才發得出力，有膽其技術才能得到充分發揮，這就是形意拳養氣之功。內要提是指內中之意一動，精神即提起，不可散亂。肛門微提，真氣聚於丹田，腹如沸鼎，真意萌發，氣勢騰挪。

所謂「隨」，有兩重意思：一是指外形隨內氣之動而動；二是指在接手後不能主觀，不能硬頂，要隨對方來勢，因勢利導。如對方猛力來攻，我不攖其鋒，先順對方之力稍稍一引，即乘機鑽進。郭雲深老先生謂之「隨」，

即隨而後打也。打時身雖近而意則遠，才能放得出人去。比如我距對方只有一二尺遠，一拳打去要如同打六尺開外之物一樣。如此則氣長勁也長，平時自己走架發力也要如此。

意到氣到，氣到力發，梢節動，中節隨，根節催。發力時要腰催肩，肩催肘，肘催手；腰催胯，胯催膝，周身合成一家，三節連通一氣。如與對方相距較遠，則用馬奔虎踐之步；如與對方相距較近，則用起鑽落翻，進步合膝護襠。如對方已進來將我逼住，我仍用身將對方引進，同時自己合而蓄，如同被捆住一般，繼而突然一炸，其勁又整又脆，短而迅猛，常可將對方打起來拋出去。我勢一動，直如天塌雨傾，使人無法擎、無處躲，則對方自敗之無疑也。

形意拳的打法要明三節：上節不明則拳無所宗；中節不明則全身皆空，上下不能貫通一氣；下節不明則發力不能沉實有力。三節一齊發動，互相配合，互為補充，則渾身都打人，無處不打人，故曰：「拳打三節不見形」也。若遇對方身長力大，亦需以巧取勝，不可拼力。

用巧之法是根據力學上的槓桿原理，也就是搬運工使用撬槓之法，以四兩撥千斤。對方力雖大，貴在使他放不到我身上，或不能完全放到我身上；我力雖小，貴乎能全部放到對方身上，而且放到薄弱的環節，放在對方最不穩定的時機。此法之運用，必須以能聽勁為前提。

【原 文】

眼要毒，手要奸，腳踏中門往裡鑽。眼有鑒察之精，手有撥轉之能，足有行程之功。兩肘不離肋，兩手不離心，出洞入洞緊隨身。熊出洞，虎離窩，硬崩摘豆角，由其不意而出之，乘其不備而攻之，手腳齊出，手到勁發，抖擻、撲按、竄身、縱力。

【注 解】

人體各部是一個有機整體，應各守防地，恪盡己責，配合恰當，才能得攻守之妙用。與人交手之時，在大腦統一指揮之下，眼司鑒察對方的行動，要做到明察秋毫，看得準、看得快。撥攔擋架，封自己門戶，打開對方門戶，則全在兩手兩臂。而鑽進去則靠兩腳兩足。拳不離肋，拳不離心，則自己嚴密而出手迅速狠直，打出中平拳威力甚大。

形意拳貴在發內勁、即意、氣、力三者合一，發於丹田之中，達於骨縫之內，再由內而外，貫於肌膚，達於四梢。纏繞往來，收放開合，既綿軟而又沉實，既有定向而又無定向，圓中有方，曲中有直。引之便來，不得不來，放之便去，不能不去。內勁兒的獲得是在正確理論指導下，使用正確的方法，經過長期刻苦鍛鍊的結果。由於神經系統功能加強，肌肉的記憶牢固，反射能力變強，對於外來刺激感覺靈敏，傳遞迅速，反射快，變化及時，因而就體現出能曲能直、能柔能剛的特色來。

　　根據形勢的需要，發抖擻之力如金雞抖翎；發撲按之力如靈貓捕鼠；竄身如蟄龍升天；縱力如彈丸離膛。

【原　文】

　　內固精神，外示安逸，踏進中門，如蛇吸食。行如猿猴，動如猛虎，氣與神往，捷若騰兔。縱橫往來不瞬目。能在一氣先，莫在一氣後；能在一思進，莫在一思存。拳打意氣緊相隨，舒展其力用六催，肩要催肘肘催手，胯要催膝膝催足，手到勁發如點炮，內外齊攻合一處。

【注　解】

　　平時自己走架練功或是與人較勇，第一要有精神。也就是提起全副精神，神氣鼓蕩，集中精力，神不外馳。挨何處我意便在何處，處處總是我意在先，開合蓄發全在胸中腰間之運化，不在外面。看起來貌似安逸，而內動則甚為劇烈。一接手即以我意蓋他意之上，以我氣蓋住他氣，以我神蓋住他神。

　　如何才能「蓋」住對方？必須做到「彼微動己先動」。一接手便要悉心體會對方的勁路，如對方用力則我也用力，但我力在先。如對方不用力則我也不用力，但我意仍在先，始終以我意在他意之先，才能得到借力發人，四兩撥千斤之妙。所以說「能在一氣先，莫在一氣後」，「能在一思進，莫在一思存」。

【原　文】

　　有反意必有反氣，有反氣必有反力，其形雖未動，而反異之心已萌。精心體會，後發制人。

【注　解】

　　從對方之反力、反氣而窺得其反意，做到「彼微動己先動」，後發先至。

【原　文】

　　準備萬般一旦無，千招不如一著熟，
　　手巧還須應之早，過後見勢不發無。
　　腳打七分手打三，五行四梢要合全，
　　氣連心意隨時用，硬打硬進無遮攔。
　　腳打七分手打三，五行四梢要合全，
　　氣連心意隨時用，打破身式無遮攔。
　　拳無拳，意無意，無意之中是真意。
　　蟄龍未起雷先動，風吹大樹百枝搖。
　　武藝都道無正經，任意變化本無窮，
　　豈知悟得嬰兒玩，打法天下是真形。

【注　解】

　　與人交手要應得早，就須懂得七疾。何謂七疾？

　　第一要眼疾。心為元帥眼為先行，心之變通全仗眼之快慢。故又曰：「眼為心之苗」。眼快才能及時明察敵情，達之於心，應敵變化。

　　第二要手疾。手為人之羽翼，迅、悍、蔽、進、攻，無不賴之，故曰：「眼明手快有勝無敗」。

　　第三要腳疾。腳者身之基，腳踏中門而進，身自隨之，手腳齊到方有整勁。

　　第四要意疾。意為體之帥，攻守之遲速、緊慢，均唯意適從。立意一快，則眼、手、腳……均得其要領。

　　第五要出勢疾。交手時存於內者為意，形於外者為勢。意疾而勢跟不上，也是枉然。

　　第六要進退疾。當進則進，應竭其力而勇往直前，像個「拼命三郎」；當退則退，領其氣而回轉伏勢，俟機再進。高低隨時，縱橫因勢，這即是「縱橫往來目不及瞬」。

　　第七身法要疾。一切拳法皆以身法為本，所謂「身以弩弓拳如箭」、「上法須要先上身」是也。身法要疾而不散，活而不亂，乃為得法。

　　形意拳之用法可分三層。意氣力三者合一，硬打硬進，一往無前，毫無遮攔，這是明勁功夫，是有形有象之用，是一切其他用法的基礎。如無這步功夫，便打不出形意拳的風格來。進一步則是五行、十二形進退合一，隨意變化，起無形落無蹤，不鑽不翻，打破身式無遮攔，是暗勁功夫，是有形無跡之用。練到高超境界時，意動形隨，極其自然和順。對敵時，胸中空空洞洞，並無一招一式成法，完全因敵勢而接應之。當剛則剛，當柔則柔，無入而不自得，無往而不通順。任意變化，左右逢源。其輕鬆自然之態，宛如嬰兒玩耍，無一絲一毫勉強之處。我只自然

隨便而動，敵人則往往跌出甚遠。這在道家叫做「神形俱杳」，在拳家叫做「拳無拳，意無意」。這才是形意拳打法之真形。

如欲達到此種境界，只有按照要領，由淺入深，勿忘勿助，一步步練去，千萬不能急於求成，有意追求。要知專門求大力則往往被力所捆，僵而不靈，內氣滯塞；若專門求呼吸則往往被呼吸所拘，而失去自然，氣力不和順；若專門求沉實，則往往被沉實所陷，而拙笨不靈，失去變化之妙；若專心求輕靈則往往輕浮而散了功夫。所以不可專求，只能順乎自然。即或在練功中若有所得，也只能若有若無，若實若虛，勿忘勿助，用神化去，至於無聲無臭，自然而然，趨於「聖而不可知之謂神」的境地。這是十分重要的。郭雲深老先生有句名言：「有形有意都是假，技到無心始見奇。」就是此意。

第十一章

形意拳內功四經釋解

形意拳之所以能驚風雨、走雷霆，變化於無形，內氣之使然也。煉氣之法乃本於內功、納卦、神運、地龍四經，傳至宋世榮先生，以畢生精力，悉心揣摩，終得其暗勁、化勁之妙，於是在河北形意門中，郭雲深之力、宋世榮之柔、白西園之巧，並稱「三絕」。

方今國家大力發掘中華傳統武術，願將此「四經」原文及宋先生之注解，公諸同好，並附個人體會供參考。

第一節　內功經

一、經文說明

【經　文】

內功之傳，脈絡甚真，不知脈絡，勉強行之，則無益而有損。前任後督，氣行滾滾，井池雙穴，發勁循循。千變萬化，不離乎本。得其奧妙，方歎無垠。

【宋　注】

任脈起於承漿穴，直下至陰前高骨。督脈起於尻尾，直上由脊背過泥丸，下印堂，至人中而止。井者，肩井穴也，肩頭分中即然。池者，曲池穴也，肘頭分中即然。此周身發勁之所也。

【經　文】

魚尾升氣，丹田煉神，氣下於海，光聚天心。

【宋　注】

從尾骨盡處，用力上翻，真氣自然上升矣。臍下一寸二分，丹田穴也。用功時存元氣於此處耳。小腹正中為氣海，額上正中為天心。氣充於內而自形於外也。

【經　文】

既明脈絡，次觀形式。頭正而起，肩平而順，胸出而閉，背圓而正。

【宋　注】

格式者，入門一定之規也。不明乎此，即脈絡亦空談耳。正頭起頂，壯面凝神，肩活胸出背圓，前身微有收斂之形，此式中之真竅也。

【經　文】

　　足堅而穩，膝屈而伸。襠深而藏，脅開而張。足既動，膝用力，前陰縮，兩脅張，氣調而勻，勁鬆而緊。出氣莫令耳聞，勁必先鬆而後緊。緩緩行之，久必成功。

　　先吸後呼，一入一出，先提後下，一升一伏，內收丹田，氣之歸宿，吸入呼出，勿使有聲。

【宋　注】

　提者，吸氣之時，存想真氣上升至頂也，下者，真氣降歸於丹田也。伏者，覺周身之氣漸小，墜於丹田，龍蟄虎臥，潛伏也。

【經　文】

　　下收穀道，上提玉樓，或立或坐，吸氣於喉，以意送下，漸至底收。

【宋　注】

　收者，慎氣泄也。提玉樓者，耳後高骨也。使氣往來無阻礙，不拘坐立。氣至喉者，以氣攝心也。氣雖聚於丹田，而存想沉至底方妙。

【經　文】

　　升有升路，脅骨齊舉，降有降所，氣吞俞

口。

【宋　注】

氣升於兩脅，肯縫極力開張，向上舉之，自然得竅。
降時必須自俞口，以透入前心，方得真路。

【經　文】

　　既明氣竅，再詳勁功。曰通，勁之順也。曰
透，骨之速也。通透，往來無阻也。曰穿，勁之
連也。曰貼，勁之絡也。穿貼，橫豎連絡也。曰
鬆，勁之漁，曰悍，動之萃。曰合，勁之一，曰
堅，勁之轉。

【宋　注】

通透者，伸勁拔力，以和緩柔軟之意。穿貼者，伸勁
拔力，以剛堅凝結之意。鬆漁者，柔之極也，養精蓄銳之
意。悍萃者，剛之極也，氣血凝聚之謂。鬆如繩之繫，悍
如水之清。

合者，周身之一也。堅者，橫豎斜纏之謂也。

【經　文】

　　按肩以練步，逼臀以堅膝，圓襠以堅胯，提
胸以下腰。提頦以正項，貼背以轉斗，鬆肩以出
勁。曰橫勁，曰豎勁，變之分明，橫以濟豎，豎
以橫用。

【宋　注】

按肩者，肩井穴之勁沉至湧泉。逼臀者，兩臀極力貼住。圓襠者，內向外極力掙橫也。提胸者，起前胸也。兩背骨用力貼住，其勁自臍下而出。自六腑向外轉至斗骨而回。出勁之時，將肩井穴勁軟意鬆開，自無礙矣。

豎者，肩至足底；橫者，兩背兩手也。以身言，則豎者，自腋至二肩井；橫者，自六腑轉於斗骨背也。自襠至於足底，自膝至於臀，以腿言之也。

【經　文】

五氣朝元，週而復始，四肢元首，收納甚妙。

煉神煉氣，返本還元。天地交泰，水升火降。頭足上下，交接如神。靜生火芒，動則飛騰。氣勝形隨，意勁神同。

神帥氣，氣帥形，形隨氣騰。

以上勁訣既詳，再言調氣之方：每日清晨，靜坐盤膝，閉目紺口，細調呼吸。

【宋　注】

吸氣納於丹田，升真氣於頂，復至俞口降於丹田。一運真氣自襠下於足底，復上自外胯升於丹田。二運真氣自背骨膊裡出手，復自六腑轉於丹田。一升一降，一下一起，並行不悖，周流不息。久久用之，妙處參悟甚多。

一出一入，皆從鼻孔。少時氣定，隨吸一口氣；同時

默想真氣自湧泉發出，升於兩脅，自兩脅升於前胸，自前胸升於耳後，漸漸升於泥丸。降氣時，須默想真氣自泥丸至印堂，降至鼻，鼻至喉，喉至脊背，脊背透前心，前心至丹田。丹田氣足，自能自尾閭上達於脊背，升於泥丸。週而復始，此天地循環之理也。

二、內功經絡穴位圖

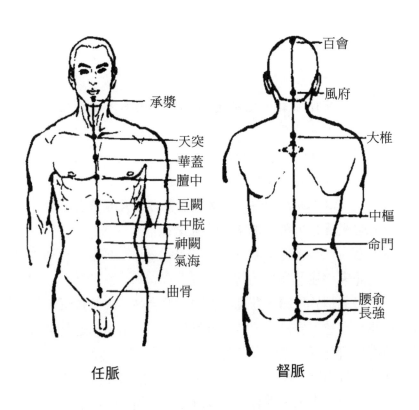

任脈　　　　　　督脈

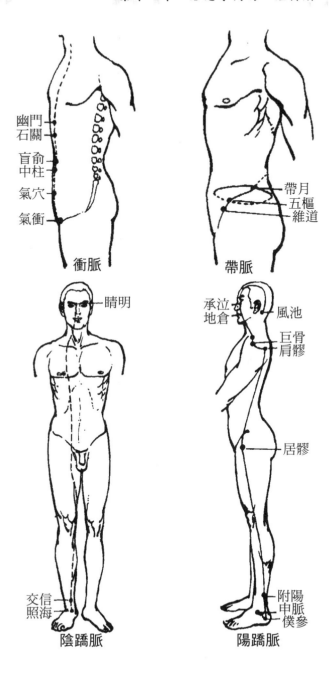

幽門
石關
盲俞
中柱
氣穴
氣衝

衝脈

帶月
五樞
維道

帶脈

睛明

交信
照海

陰蹻脈

承泣
地倉

風池

巨骨
肩髎

居髎

附陽
申脈
僕參

陽蹻脈

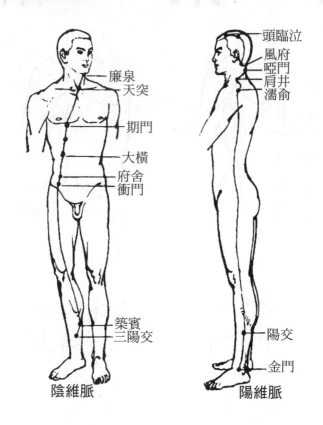

廉泉
天突
期門
大橫
府舍
衝門
築賓
三陽交
陰維脈

頭臨泣
風府
啞門
肩井
濡俞
陽交
金門
陽維脈

三、我對《內功經》的認識

武術之道，形之於外者為架勢，寓之於內者為氣力。練拳時，各種架勢之長短、高低以及其飛騰變化，皆所以運用氣力也。如內無氣力，則架勢亦是空架勢。然而欲發力足，則必先求其內氣之充，是故氣者又為力之根本。此即拳經所謂以意領氣，氣到力發之謂也。因而形意拳之道必自煉氣開始。而煉氣之法，一在於養，二在於運。其式則有動有靜。內功經者，實為動靜兼修，養、運皆備之法

則也。

　　經絡是氣血在人體內運行的軌道，它負有溝通表裡、上下聯絡臟腑組織的使命。所以氣功鍛鍊，首貴明經，如不能明辨經絡而妄說氣功，猶如盲人瞎馬，將無所適從。

　　人體經絡有十二正經，奇經八脈、經別、經筋之分，對練武術者來說，最主要的乃是前任、後督、衝脈、帶脈、蹻脈、維脈。李時珍在《奇經八脈考》中說「……八脈者先天大道之根，一氣之祖，採之唯在陰蹻為先，此脈才動，諸脈皆通。……上通泥丸，下透湧泉。倘能知此，使真氣聚散，皆從此關竅。則天門常開，地戶永閉，尻脈周流於一身，貫通上下，和氣上潮。得之者身輕體健，容衰返壯……」故習武者必練奇經八脈，不可忽視。督脈在後，係全身之陽氣。任脈在前，統全身之陰氣。衝脈為十二正經之海，與胃腎兩經密切相關，關係到我們先天後天之真氣。

　　任、督、衝三脈皆起於玄牝（前陰與睪丸之間），一源而三歧，故練內功者皆重視之。帶脈環繞腰間，有總束諸經絡不致下垂的作用。帶脈通暢則腰椎靈活而有力，才能起到「車軸」的作用。二蹻、二維居兩腿及身軀兩側，調陰陽貫通上下，有強健全身，使步履矯捷而靈活的作用。習武者不可不知也。

　　「大道曰生，天地同始，生之謂道，陰陽呼吸。」凡煉氣者，無不注意調整呼吸，形意拳當然也不能例外。《內功經》之調息是用的自然逆腹式呼吸，也叫「後天法」。其法為吸氣時小腹內收，提肛縮腎（即提會陰、尾

骨向前向上兜翻），兩脅向兩邊張開；呼氣時小腹放鬆，自然隆起。這種呼吸方式，既適合於技擊動作的要求，又合乎生理上的需要，能使膈肌與腹肌的力量增強，加大腹壓的變化，提高肺活量，改善腹腔血液循環，減少體內淤血，有利於心臟的工作，也易於做到內氣鼓蕩和發力時氣沉丹田。提肛、縮腎，增強了對腎經（腎、生殖泌尿系統及部分內分泌腺）的鍛鍊，加強了內分泌腺的功能，能根據需要產生更多的腎上腺皮質激素，使競技狀態大大提高，有利於武術技能的提高，國外稱之曰「自生荷爾蒙法」。

練動功時，呼吸一定與動作相配合，即起吸、落呼；開吸、合呼；蓄力時吸，發力時呼。但還要注意自然，不可勉強。要逐漸做到力不蓄而自蓄，力不發而自發。用提肛縮腎的方法，將真氣自玄牝之門提到丹田，再自丹田貫入五臟六腑，這就是形意拳大師郭雲深先生所說的「煉精化氣，煉氣化神」。

將有形之精，化成微妙之氣，再將此氣化為出有入無之神，神在人體內的表現，便是「光聚天心」，也就是形意拳經上說的「一點靈光吊在眉」。

有規矩，然後成方圓。對初學者必須規定嚴格的姿勢。劉奇蘭先生說：「意即人之神氣，形是人之動作。動作要從其規矩，順其自然，外不乖於形式，內不悖於神氣；外面形式之順，是內中神氣之和；外面神氣之正，是內中意氣之中。誠於內而形於外，內外合一，乃形意二字之意義也。」

　　筆者練功體會，練內功最重要的是鬆、靜二字。《內功經》對形式上所作的那些規定，都是為了達到鬆靜的目的。蓋內氣之運行，是受人意志支配的，首先要由大腦皮層發出資訊，其次是肢體某部接受資訊。不靜，則大腦發不出資訊；肢體不鬆，則接受不到資訊。是故鬆與靜，乃是行氣的根本。但鬆靜並不是疲杳鬆垮，而是要「鬆而不懈，靜而不散」。靜如勁鬆挺拔，精神凝聚；動如風吹大樹，百枝搖曳，極其自然協調而又富有彈性。

　　練功時真氣發動，腹內沸騰，要提起全副精神，以意領氣，達於四梢，便覺舌欲催齒，齒欲斷筋，髮欲衝冠，甲欲透骨。出手雖柔緩，而力能摧城，剛柔相濟，圓通活潑，個中趣味，非道中人，不可知也。

　　形意拳以意領氣，以氣帥形，以氣催力。所以雖談走勁，仍是行氣。形意拳出手應該八勁俱全，要哪個勁便有哪個勁。欲達到八勁俱全，便要首先做到按肩、逼臀、圓襠、提胸、提頦、貼背、鬆肩。欲同時做到這七項要求，是相當不易的。

　　對初學者應先從分別練習入手，能夠單獨打出明勁、暗勁、橫勁、豎勁就算很不錯了。然後再練明、暗勁的變化和橫豎勁的變換與應用。既要認真刻苦地練，又不能急於求成，欲速則不達也。

　　練靜功時或坐或立均可。坐式或盤膝，或坐於凳上，將兩大腿放平，雙腳踏地均可。應先按宋世榮先生注解的小周天法斂氣，沿任、督兩脈做循環，然後再練五氣朝元法。站式即樁功，以取三體式站立者為多。可在練過坐功

的基礎上直接練五氣朝元法。

練動功（行功）時，有明勁、暗勁之分。打明勁時，只練三點小循環，即吸氣時，將真氣自會陰提到命門，此為蓄力；發勁時，呼氣，同時將氣自命門向前穿過，達於丹田，復降於會陰；打暗勁時，發力比較柔緩，可用五氣朝元之法。

這裡附帶說明一下所謂氣感問題。有些初練內功之人，往往熱心於追求自身氣感，這是不必要的，也是一種偏差。要知氣自是氣，而氣感乃是氣的派生效應。自身有無氣感，或氣感之大小，並不能代表內氣之大小。故學者只要按《內功經》所示之方法認真練去，勿忘勿助，自然成功。

最後，談談「煉神煉氣，返本還元」問題。這一段經文，說的是內功的高級階段及其效果。返本還元即要返還到嬰兒狀態。嬰兒狀態，是人的原始狀態，是人體生命的本來面目。這時，體內陰陽自然平衡，內氣無所不通，意、氣、神三者是合一的。其後在人的生長過程中，受到環境的影響，產生了七情六慾，干擾了內部的平衡，使生命不能按照自然規律進行，於是才產生種種疾病，生了病也不能自己修殘補缺。

氣功之道即在於以入靜的方式，割斷外來干擾，將意識集中於自己體內，再透過一定的功法，消除以往因外來干擾而引起的體內變化，使其逐漸恢復到最初的自然狀態，意氣神重新合一。氣功家叫做「善養吾浩然之氣，常守我獨立之神」。武術家叫做「豈知吾得嬰兒玩，打法天

下是真形」。老子說：「常德不離，復歸於嬰兒。」即是此意。

內功練到這一境界時，在做靜功中，閉目合睛，抱神歸一，便會覺得宇宙之大，空無一物，只有眼前一片光明，自身虛無縹緲，遨遊太空。一不小心，就有摔下來的危險，所以精神又十分集中。

做動功時，便覺飄飄蕩蕩，如三尺羅衣，掛在無影樹上，心無其心，身無其身，隨意而動，無可無不可；又如懸肘寫大草，將意、氣、神集中到筆尖上，按中有提，提中有按，任意而動，則筆走龍蛇；如用之於應敵，本無意打他，只是隨進攻之勢，隨意應之，不見而章，無為而成，往往可將對方擊出甚遠。

這即拳經中所謂「拳無拳，意無意，無意之中是真意」。也就是崩拳大師郭雲深一生的經驗總結：「有形有意都是假，拳到無心方見奇。」

第二節　納卦經

一、經文說明

【經　文】
　　頭項法乎乾，取其剛健純粹。足膝法乎坤，取其鎮靜厚載。

【宋　注】

凡一出手，先視虎口穴，前額用力，正手提起。後脊背用力塌下。氣來時，直達提氣穴，著力提住。由百會轉過崑崙，下明堂，灌兩目，其氣走鼻孔，泄時即便吸入丹田。兩耳下各三寸二分謂之象眼穴，用力往下截住。合周身全域，用之久自知其妙也。

凡一用步，兩外虎眼極力向內，兩內虎眼極力向外，尾中大筋極力要直，兩膝蓋骨復極力要屈，四面相交，合周身之力向外一扭，則湧泉之氣，自能從中透出矣。

【經　文】

若夫肩背宜於鬆活，乃是巽順之意；襠胯宜於靠緊，須玩兌澤之情。

【宋　注】

塌肩井穴，須將肩井骨正直落與比肩骨相合。曲池穴比肩頂骨略低半寸，手腕宜與眉齊，背骨遂極力貼住。此是豎勁不是橫勁。以豎則實，以橫則虛。下肩井穴自背底直至足底，故謂之豎。右背則將左背之勁自骨底以意透於右背，直送二肩門穴，故謂之橫。兩勁並用而不亂，元氣方能升降如意，而巽順之意得矣。

襠胯要圓而豎，氣正直上行，不可前出，不可後掀。兩胯分前後，前胯用力向前，後胯用力向下，湧泉氣來時，向上甚大，兩胯極力按之，總以骨縫口相對，外陽內陰，忽忽相吞併為主。

【經 文】

　　艮象曰：時行則行，時止則止，其義深哉！
胸欲竦起，艮山相似，肋有呼吸，震動莫疑。

【宋 注】

　　肋者，脅也，魚鰓也，胸雖出而不高，肋要閉而不
束，雖張而不開。此中玄妙難以口授。用力須以意出之，
以氣騰之，以神足之，則為合式。非出骨內之勁也。

　　用肋一氣之呼吸為開閉，以手之出入為開閉，以身之
縱橫為開閉。高步勁在於足，中步勁在於肋，下步勁在於
骨，此自然之理也。

【經 文】

　　坎離之卦，乃身內之義也！可以意會，不可
以言傳。心腎為水火之象，水宜升，火宜降。

【宋 注】

　　兩象既濟，水火相交，真氣乃萃，精神漸長，聰明且
開，豈但勁乎。是以善於拳者，講勁、養氣、調水火，此
一定不移之理也。用功時，塌井穴，提胸肋，反龜尾，皆
欲腎氣相交於心也。須以意導之。下氣、聚勁、練步，皆
欲心氣下達於腎也，亦須以意導之！

二、我對《納卦經》的認識

　　八卦之理，源於周易，其義深奧，本不易懂。而與人

身之一體相結合，作為拳家內功修煉之指導及武術技擊之應用，其道精微，更費理解。近世之習武者，往往視之為巫家占卜之術，荒誕迷信之談，既不究其哲理，又不察其實情，遂乃棄如敝屣，實為可惜！

先祖節之秉和公，寢饋周易之道，四十餘年，日日談經於槐軒書室，從學者眾，論述頗多。余生不才，有忝家學，雖以天資魯鈍，未能究其究竟，然而耳濡目染，亦得稍知一二。

昔包羲氏之王天下也，仰觀象於天，俯視法於地，觀鳥獸之文，察世事之變，遠取諸物，近取諸身，作八卦之圖以類萬物之情。傳至後人，重八卦為六十四卦，爻在其中，群巫作筮，這才用於占卜。所以，八卦者，乃用以象徵天、地、水、火、山、澤、風、雷諸物，並描述萬物間的關係與其變化規律的科學，絕非荒誕之言也。

宇宙為一大天地，天在上，地在下（此處之上下是自由選定的，一般以指地心之方向為下），萬物之變化在其間，而形成所謂「宇宙場」。宇宙場自有其運動的自然規律，謂之天道。人身為一小天地，頭在上，足在下，外而有形象，內而有精氣，精氣流行變化於其間，乃形成所謂的「生物場」。生物場亦有其運動的自然規律，即人的生命活動，或生物鐘是也。

人體既寓於宇宙場之中，故其生命活動的規律不能不受宇宙場規律之影響與制約，此即所謂「天人相應」，亦即老子所云：「人法地，地法天，天法道，道法自然」的真實含義。八卦之理，既然可以描繪宇宙間萬物變化之

情，自然也可描繪人體內真氣之運行，即生命活動的規律。所以無論說《納卦經》是以卦象喻內氣運行規律，或者說內氣運行規律是遵循著八卦變化之理，都是天經地義，有其一定的科學根據。

雖然真氣在人體內的變化，即煉精化氣，煉氣化神的問題，目前仍然是一個「黑箱」，還不能做出科學上的確切結論，然而內氣是物質，是攜帶一定能量的，在體內是沿著一定軌道，按一定的規律運行的，它是人體生命的奧秘，已是相當明確的了。而八卦變化之理則正是對真氣在人體內運行的「空」、「時」關係的描述。

乾為天，天在上，在人體則為頭，又叫天機椿。乾者，健也，進而不倦也。卦云：「君子日則乾乾，夕則惕懼，雖處危境，亦無可咎。」

易曰：辟戶之謂乾。乾如望月，一息之中，為氣之盈，頂頭豎項，提真氣上行，貫於百會，則健純粹，故云法乎乾也。坤為地，地在下，在人則為足膝，以足膝法地，取其穩健，支撐一身之重，克盡動轉挪移走之能。在身軀則為少腹、會陰，又名地機椿。易曰：闔戶之謂坤。坤如晦，一息之末，氣漸消而復歸於丹田也。一息之中，百會在上，會陰在下，遙遙相對，隱隱有互相牽引之意，內氣上下鼓蕩，一鬆一緊，猶如搗蒜。此即「天機椿在上，地機椿在下，天地交泰」之意也。

乾天，坤地，天地設位，定出了人身的上下方位。人身如鼎器，內氣在其中千變萬化，鼓蕩開合，而此身自儼然鼎立，方位不易也。坎為水，在身則為腎、為精、為

陰。離為火，在身則為心、為氣、為陽。腎水上潮以濟心火，離火下奔，以燒腎水，心腎相交，陰陽易位，煉精化氣，升降周流，故此為乾坤之用，身內之義也。

練功時，虛其胸而實其腹，一吸則提肛縮腎，提有形之精而上，練之使化為無形之氣，運行於五臟六腑之內，顯示為獨立之神；一呼則由張而弛，氣復下而歸於丹田，達於會陰，龍蟄虎臥，潛伏於斯。此即是陰在上，陽下奔，水升火降之意也。

巽為風，在卦為小亨。易曰：「利有攸往」、「進退」，「利武人之貞」。故以之象肩背，取其外形圓活巽順，內氣縱橫深微，無往而不利之意。兌為澤，在卦為亨、為利貞。兌為虎，火也，氣也。褙胯為攻守轉換之本，以兌象之，固其宜矣。褙胯必須靠緊，方能引精而上，使化為氣，艮山震雷，以象胸脅，意指呼吸也。

練形意拳內功，用的是「脅呼吸法」，吸氣時，提會陰，收少腹，膈肌下降，兩脅向外盡力張開；呼氣時，放鬆，膈肌向上運動，兩脅向內向下併攏，成骿脅狀。此為拳家煉氣不二之法門，練之日久，兩脅可任意開閉，不怕拳打足踢。

艮者，止也。易曰：「艮其背不獲其身，行其庭不見其人。」故曰：當行則行，當止則止，順其自然不可勉強。震為巨雷。卦象曰：「震來虩虩，笑言啞啞。」蓋先緊張而後輕鬆，以之喻脅之呼吸開合，一張一弛也。呼吸深長，如雷之震驚百里，而復歸於鎮定舒鬆，如不喪匕鬯。

以靜功煉氣之時，一息之中，自有八卦，其氣之飛騰變化，如月之晦、朔、弦、息。兌為上弦，為氣之方息，自下而上也。乾為望月，氣之盈也，陽出陰入之時也。巽為月之生魄，始生一陰，氣之初消，自上而下也。艮為下弦，氣之方消。坤為晦，氣之消，陰出而陽入之時也。至震，則一陽復生矣。

此是按先天八卦：乾南、坤北、離東、坎西而言。坤、震二卦之間為天根，一陽所生之處。在人身則為尾閭之前，膀胱之後，小腸之下，靈龜之上，真氣發動之地也。乾、巽二卦之間為月窟，一陰所生之地也。讀者如有興致，請讀《周易・參同契》，自然明瞭。

以上所言，大致可歸納如下：

以人體言之，乾陽在上，坤陰在下，一身之精氣變化，存乎其間。故乾坤為體，以定人身上下方位。坎離為用，以水火之升降周流，上下往來，象徵人體內氣之運行與變化。震、兌、巽、艮，乃牝牡配合之四卦，用以喻體內精氣變化程度的大小與方位。此皆有科學根據，並非虛設。但非對內功修養有素，且善察知自身內氣運行之規律者，不可知也。經文云：「可以意會，難以言傳。」誠哉是言。

第三節 神運經

一、經 文

【經 文】

練形而能堅，煉精而能實，煉氣而能壯，煉神而能飛。固形體以為縱橫之本，萃精神以為飛騰之基。故形神騰能縱橫，精神斂能飛騰。

首言神運之體。先明進退之勢，復究動靜之根。進因伏而後起，退方合而即動。以靜為本，故身雖疾而心自暇。靜之妙，當明內外呼吸之間。縱橫者，勁之橫豎，飛騰者，氣之深微。

次言神運之式。擊敵者，有用神用形用氣之遲速，被擊者有仆也、索也、怯也之深淺。以形擊形，身到後乃勝；以氣擊氣，手方動而身萎；以神擊神，身未動而得入。形受形攻，形傷而仆於地；氣受氣攻，氣傷而怯於心；神受神攻，神傷而索於膽。

復言神運之用。縱橫者，脅中開合之式；飛騰者，丹田呼吸之間。進退隨手之出入，來去任氣之自然。氣欲露而神欲斂，身宜穩而步宜堅。既不失之於輕，複不失之於動。探如鷹隼之飛，疾如虎豹之強。

　　終言神運體用之意。山不污則崩，樹無根則倒，水無源則涸。功夫亦然，學者欲用神運經，必熟內功、納卦、十二大勁，周身全域，方可學此。否則不唯無益，而且有損。凡用此功，必須騎馬步，穩住周身全域，一呼則縱，一吸則回；縱時兩足齊起，回時兩足齊落，此法永不可易。然用勁又因敵佈陣，當有高低上下遠延遲速虛實，大小變化不一，剛柔動靜之間，成敗得失之機在是焉。

　　欲善用勁，須動步不動心，動身不動氣，心靜而步堅，氣靜而身穩。由靜而精，自得飛騰變化矣。蓋知靜之為靜，靜亦動也。知動之為動，動亦靜也。是以善於神運者，神緩而眼疾，心緩而手疾，氣緩而步疾。蓋因外疾而內緩，外柔而內剛，知體用之妙也。所貴者，以柔運剛方是真剛，以柔用疾方是真疾。此中定靜奧之妙用，得於象外，非可以形跡求之也。

　　神運既明，再言十二大勁：

　　一曰底堅移步如山，二曰堅膝曲直似柱，三曰襠胯內外湊齊，四曰胸背剛柔相濟，五曰頭顱正側撞擊，六曰三門堅肩貼背，七曰二門橫豎用肘，八曰穿骨破彼之勁，九曰豎骨封彼之下，十曰內驚敵彼之裡，十一曰外格敵彼之外，十二曰撩攻上下、內外如一矣。

二、我對《神運經》的認識

宋約齋老先生對神運經未作注解。筆者只能根據體會作膚淺的解釋。練《神運經》必須奠基於《內功經》、《納卦經》之上。對二經練習有相當水準，內氣充足，真元發動，意一動，其氣即可騰然而起，周流全身，達於四梢，此時再運用《神運經》，使之發揮為武術之技。

《神運經》是外練形勢、動作，內煉精、氣、神，相互配合，齊頭並進。神者，身之本；氣者，神之主；形者，神之宅。以形煉神，以神充身，故曰神運。

練形外而使筋骨柔韌，肌腱彈力增加，謂之堅；煉精而使內臟功能加強，內分泌功能旺盛，內精充實，謂之實。精實而後練之使化為氣，真元充足謂之壯。氣足之後，內流通於五臟六腑，外發之於爪甲皮毛，橫豎斜纏，如九曲珠，表裡精粗，無所不到，暢達，深微，謂之飛，但並非飛簷走壁之飛也。

運用《神運經》，必須先明動靜之機。靜為本體，動為作用。動靜之機，也就是陰陽轉化、相輔相成之理。如在二人較勇之時，自己能將全身鬆開，真氣聚於丹田，內外合成一氣，寂然不動，待機而發，靜而未漏其機，欲動而未見其跡，這乃是靜中寓動之意。當已摸準對方勁路之時，便須急速進擊，使對方之勁欲出而不得，欲罷而不能，我則曲直剛柔，任意施為，縱橫伸縮，起落變化，克敵而制勝之。但必須注意，我在形式上雖已發動，而心意仍極為安靜，千變萬化，不失其機，無一絲一毫努筋拔力

之感，這乃是動中寓靜，雖動猶靜之意。

　　內家拳靜為本體，最忌焦躁，蓋因焦躁則心動，心動則氣散，氣散則神亂，必遭失敗。故縱使大敵當前，情況險惡之時，亦需意定神寧，精神高度集中，真氣歸一，氣勢騰挪，居於將發未發之間。這乃內家拳練功和應敵的最重要訣竅，也正是《神運經》靈魂之所在。

　　欲得靜之妙用，要先懂呼吸調息之義，將氣歸於丹田，口虛含，舌抵上齶，以鼻中呼吸，細緩深長而均勻，全不用意，純任自然，以神儷心，意靜神安。行走時則步履與呼吸相隨，無論快慢，一般以一息七步為宜，練之日久，或走或跑或與人較勇，皆可以保持中氣平和而不喘息。

　　二人較勇之時，若是平庸之手，則多是以形接形；高手則是以氣接氣，功夫不濟者便會感到氣被打上去，萬般不得勁，千方百計沉不到丹田去，全身浮而不實，自知必敗；若是以神擊神，不必接手則勝負已分。

　　譬如袁曹白馬之戰，關羽看顏良如插標賣首，而顏良觀關羽，則覺其神威逼人，不敢交鋒，此即是神受神攻，神傷而索於膽也。

　　無論與人較勇或平時自己走架練拳，勿追求剛愎之氣，總宜平心靜氣。神要提起，但要內斂，氣要充實而不外發，呼吸、意念、手足要自然配合，意動、氣起，手動、腳隨，切不可亂，這就是「上於兩膊相繫，下於兩腿相隨」。進退起落，剛柔虛實，一切攻守變化，都在呼吸之間而不在其他。能掌握呼吸，便能持「中」，永無過與

不及之慮。動步不動心，是之謂定；動身不動氣，是之謂靜。心靜則步能堅，以其氣能下也；氣靜而身穩，以其能飛騰變化也。此乃是以靜求動，以緩求速，乃內家拳之要義，萬勿等閒視之。

第四節　地龍經

一、經　文

【經　文】

地龍真經，利在底攻。全身練地，強固精明。

伸可以曲，住亦能行。曲如伏虎，伸比騰龍。

行住無跡，伸屈潛蹤。身堅似鐵，法密如龍。

翻猛虎豹，轉疾隼鷹。倒分前後，左右分明。

門有變化，法無定形。前攻用手，二三門同。

後攻用足，踵膝同攻。遠則追擊，近則接迎。

大胯著地，側身局成。仰則若望，尻尾單憑。

高低任意，遠近縱橫。

二、我對《地龍經》的認識

二人較技之時，上手便用底攻最為有利。何謂底攻？上接手，下進足，凡用踩、踏、蹬腳、踢腳、擁腿、蹚腳等，以足、踵踢打對方脛骨下節，或以臥式使用烏龍絞柱，喜鵲登枝，剪子股，雙飛燕……皆是底攻，蓋動手便動搖其基礎，斬斷其根莖，乃勝之速而無疑也。

底攻之勢，或下勢猛身而進，如燕子抄水，如蟒蛇吸食；或臥地滾翻橫擊，如勁風折百草，鐵帚掃落花。起臥要快，轉換要靈，可伸可屈，能住能行。靜則龍潛虎踞，縮四肢，頭伏，手腕上挺，雖伏而若立；動則蛇捲龍騰，上下伸縮，變化莫測。

前攻以掌為先，以肘、肩濟之；下攻先進足，以踵膝而並用。側臥以胯、肩著地，一肘點地，一掌按地，以便得機騰起；一腿屈，一腿伸，以便得勢而橫掃千軍。仰臥時以尻尾一點觸地，頭足空懸，全身可繞立軸旋轉，乃有靈活迅速之妙用。

地龍之用，首先自己要練就底盤功夫，如大步低架子午樁、雞腿樁、低式盤根行樁、走矮步等等，皆是練底盤築基固本之功，必須下工夫練習。其次應按內功、納卦、神運三經練有一定基礎，使氣、血、精、神，凝聚一團，外則形體堅實，縱橫翻滾，不怕摔打磕碰，內則氣充神斂，可以鼓蕩飛騰（飛騰者，氣之深微），然後再依《地

龍經》所示，進行攻防鍛鍊，方能起臥自如，變換隨心，探如鷹隼之迅疾，動若虎豹之強悍也。

我生不才，有忝師門，謹遵先師之遺訓，默識揣摩，二十餘載終未能窺其堂奧，上述只是個人鍛鍊中的點滴體會，謬誤之處，尚望武林同道，不吝指正。

附　錄

散手十三劍

　　張鑒塘先生係河北安國（祁州）人。原任「北京京師醫科大學堂」藥學系主任，教授；後兼任北京師範大學武術教授。他是20世紀三四十年代北京著名武術家之一，曾以其拳法、劍法的獨特風格嘯傲武林，名噪一時，遠播海外。

　　現將先生的「散手十三劍」和先生關於劍器的論述公開發表，以供廣大武術愛好者參考和研究，也是我作為張先生的弟子志先師教導之恩於不忘的一番心意。

第一節　張鑒塘先生說劍

　　世之習武者，多喜兼習劍術。即今世之老弱婦孺專以健身祛病、延年養生為目的而習練太極拳的人，亦多喜歡練習劍法。何以如此呢？因為劍為百兵之君，其練法、用法、技擊性和藝術性都具有其他兵器所不具備的優點和獨特風格。

　　練劍時看起來溫文爾雅，有儒者風範，沒有好勇鬥狠的形跡，能給人以更多的美的感受，以陶冶性情；且透過

習劍可以煉神、煉氣、練身法，得內外兼修之妙。若練到心息相依，身劍合一，神帥氣，氣帥形，形隨氣騰，圓通活潑，矯若游龍，不但可以提高技擊水準，而且對於強身健腦也有很大效果。

劍術有「擊劍」（又叫鬥劍）和「舞劍」之不同，因之劍也有文、武之分。文劍在劍鐔處配有劍袍（即劍穗），武劍則一般不配劍袍，俗稱禿尾巴劍。劍分三刃，即劍尖和左、右兩個刃口。練劍時須辨明三尖，沉著矯捷，將丹田之氣貫於劍尖之上，純以劍尖上之三刃從事，神出鬼沒，運用之妙，存乎一心。

從總的原則上講，武術中的器械，不過是手臂的延長，故拳法之所能者，劍法亦皆能之。各家拳法各有其特點，因而各家劍法亦各有特色。有的纏繞迂迴，矯若游龍；有的則迅若雷電，劍風凌厲……然而縱觀各派劍法，無論其叫什麼名稱，也無論是哪種風格，若取其精華而分析其擊法之實質，不外乎是劈、砍、刺、撩、剪、掛、劃、裹、撥、圈而已。此十者謂之擊劍十法。

前五法是進攻，或叫擊法，後五法是防禦，或叫顧法。綜合使用，亦擊亦顧，互為補充，相輔相成，便可派生出千變萬化的招數來。

舉劍自上而下以刃下擊謂之劈；以劍橫削謂之砍；以劍向前直紮謂之刺，亦可連紮帶擰謂之錐；以劍尖自下向上挑謂之撩；先成立劍然後以劍尖向前猛點並成平劍謂之剪；以劍身循圓之規跡自下向前向上向後帶謂之掛；劍抽回時劍尖向下向後拉或向側後拉謂之劃；將劍柄上提以劍

身貼身走立圈謂之裹，兩肩要有相合之意，如同穿衣時往身上裹一般；劍隨身轉向左或向右劃平圓謂之圈；以劍尖、劍身向側方撥開對方來侵之兵刃謂之撥。

凡此十法，其勁均在腕，故腕勁需硬，始能將勁力貫到劍尖上，發揮劍術之特色。

余練劍時，專尚擊法和單勢，不喜套路，是以吾之劍法名曰「散手劍」也。若夫登臺作藝術表演，翩翩起舞，力求其變化圓活，身段美妙，則非套路莫屬。若防身禦敵，臨陣搏鬥，則勝負生死之間，全在其擊法之是否純熟，功力之是否深厚耳。

欲掌握擊法、增長功力，非操練單勢者不可得焉。練單勢之要求有三：第一，擊法要正確、熟練；第二，腕力要強勁，貫於劍尖；第三，出手要準確，指哪裡便桼到哪裡，想桼多深便能桼多深，分毫無誤。這其間全憑個人領悟和平時多下工夫，捷徑是沒有的。正所謂「入門引路須口授，功夫無息法自修」者是也。

第二節　散手十三劍的練法和用法

散手十三劍共十三個單勢，其傳統歌訣如下：

> 日繞山尖劈面錐，浮雲起落快如飛，
> 行如猛虎爬山勢，毒蛇出洞肋下錐。
> 虹鈴暗法令人驚，轆轆斜肩去摘星，
> 白虎洗臉驚人膽，橫垂寶劍刺前胸。

子尾撩陰影難尋，金雞上架更精神，

喜鵲穿枝走裡外，迎風扇扇上下陳。

圈劍一法總其成。

【注　解】

虹鈴：即賣藥郎中手中所持之銅鈴，搖之即叮噹作響。

轆轤：即山村井上用以絞水之轆轤頭是也。

子尾：即老鼠尾巴。

摘星：星指的是人之頭，摘星即摘人的頭顱。

現將此十三個單勢的練法和技擊用法分別說明於下（起式以面向正南為準）。

一、日繞山尖

1. 起　式

兩腳立正站立，左腳尖向正南方，右腳尖向西南方，與左腳旁開約45°，面向正南，胸向西南。右手握劍置右大腿外側，劍身與地面平行，劍尖指南方；左手散成掌，掌心向下，指尖向正南方，置左大腿外側。眼向南方平視（圖1）。

圖1

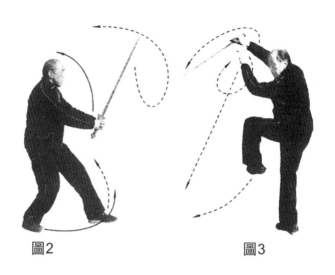

圖2　　　　　　　　　　圖3

　　隨即左腳向前邁一步。右手劍同時向前上方刺出，左手撫於右腕上以助力。兩腿均微屈，體重之分配按前三後七（圖2）。

　　以上兩動合併即劍法之起式。以後十一個單勢，演練時均如此法起式，不再重述。

2. 向左刺太陽穴

　　右腳向西南方邁進一步，左腳提起護襠（亦可向上踢起）。同時，右手劍向下、向右、向上畫弧，自上往左下刺對方的太陽穴（圖3）。若手的準頭不夠，可向頭、面刺下即可。

3. 風掃落花

　　承上式，左腳向左前方落下，成大弓蹬步。同時，揮劍伏身自右向下、向左橫掃對方的雙脛。式成如圖4所示。

4. 倒打金冠

承上式，左腿立起微屈，右腳收回至左腳右前方成丁虛步。同時，劍向左裏，隨即劈下，左手撫右腕上（圖5）。

上式不停，右腳踏實，左腳向左前方邁進一步，右腳向左踢起（亦可提膝以腳護襠）。同時，劍向左撩起，自左上而向右下方倒刺對方頭部。眼向右看（圖6）。

圖4　　　　　　　　圖5

圖6

5. 風掃落花

右腳向右前方落步。同時，揮劍由上方向左而下，自左而右伏身掃砍對方之雙脛（圖7）。

隨後右腿稍立起，左腳收至右腳稍前方成虛步。劍向右裏、劈下（圖8）。

再進右腳、提左腳，向左刺太陽穴……重複以上動作，循環往復進行練習，次數不限。回身時，可向右後方轉身反劈，左腳上前一步，仍成圖2之勢。以後其他11個單式都是如此回身，不再重述。

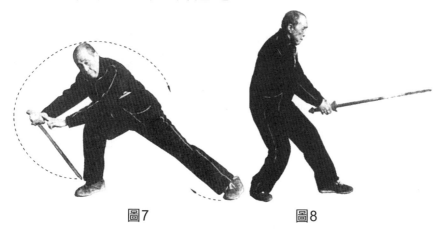

圖7　　　　　　　　圖8

技擊用法

當對方以劍向我當胸刺來時（刺喉、刺襠時亦可用），我急上右步，側身讓對方之劍；同時，自上而下斜刺對方頭、頸等部位。此時對方將向上以劍格我之劍，我則落左足撤劍伏身橫斬對方脛骨。

若對方不是當胸刺來而是自右側向我頭、頸、肩部進

攻，則我左腳進步提右腳，以倒打金冠擊其頭部。對方如
以劍上格，我則落右足伏身，以劍自下向右橫掃對方脛骨
（圖9、圖10、圖11）。

圖9　　　　　　　　　　圖10

圖11

二、浮雲起落

1. 起式同前。

2. 劍自左貼身而裏，向前方下劈。右腳邁進一步（圖12）。

3. 劍自右貼身而裏。右腳微抬，隨即落下，寸步。同時，劍向前劈下。

4. 劍再自右邊貼身而裏，向前方劈下。同時，左腳向前邁進一步（圖13）。

5. 劍再自左貼身而裏。左腳微抬，隨即落下，寸步。同時，劍向前劈下。

如此循環練習，次數不限。其回身方法仍同前。

技擊用法

對方從正面向我刺來，尤其是用「中平劍」刺來時，我則從左或從右以劍尖劈、剪對方手腕。用時不是大掄大

圖12

圖13

圖14

劈，而是憑我之腕力迅速一翻一剪，方能得勢（圖14）。

三、猛虎爬山

1. 起式同前。

2. 左腳寸步，右腳抬起與左膝同高。劍向右上方撥，成立劍式（圖15）。

3. 右腳進一大步，左腳跟步。劍向前下方劈出（同圖12）。

4. 右腳寸步，左腳抬起與右膝同高。劍向左上方撥，成立劍式（圖16）。

5. 左腳進一大步，右腳跟步。劍向前下方劈出（同圖13）。

如此左右交替練習，次數不限。回身動作仍同前。

技擊用法

　　對方以劍刺我胸、肩、喉等部位或砍頸時，我根據對方來勢或向左或向右以撥對方之劍。向上提膝者，係為了便於轉腰側身，同時也是蓄力，然後順勢進步一劈。若對方後退，我則進步伸手向前剪之或刺之（圖17）。

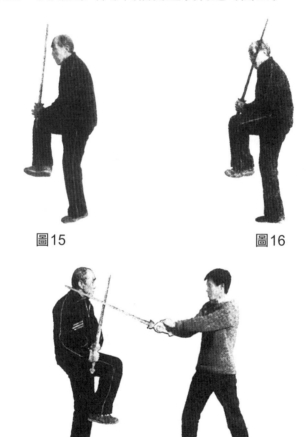

圖15　　　　　　　　　　　圖16

圖17

四、毒蛇出洞

1. 起式同前。

2. 左足向上提起，隨即落下。左手裡裹順腿下插，右手握劍向右上方圈掛撤回。左足寸步，右足疾進一大步，左腳跟步。同時，劍平直刺出（圖18、圖19）。

3. 劍向左圈，平直刺出。

4. 劍自下向左上、向右撥，平直刺出。左腳進步（圖20、圖21）。

如此循環演練，次數不限，回身動作仍同前。

技擊用法

若對方自右側以劍劈來，我則向右圈掛之，並趁勢進右步直刺其胸、喉。

若對方自左側方劈來，我則向左圈掛之，然後進步刺其胸。

圖18　　　　　　　　　圖19

　　若對方自正面刺來，我則以劍向右撥之，進左步以刺
其胸（圖22a、圖22b、圖23）。

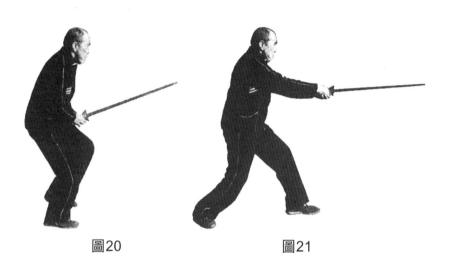

圖20　　　　　　　　　　　圖21

圖22a

圖22b

圖23

五、虹鈴暗法

1. 起式同前。

2. 進右步。劍向前刺，劍尖斜向上（圖24）。

圖24　　　　　圖25

3. 右腳寸步，左腳跟步。劍向右撥隨向左砍（圖25）。撥、砍幅度要小，以腕力運劍，力貫劍尖三刃。

如此連續不斷，循環撥砍，總是右腳在前，右腳寸步，左腳跟步。

技擊用法

向右撥開對方之劍，以迅雷不及掩耳之勢削砍對方頭頸。是以幅度不要大也。敵退我進，連進連擊。

六、轆轤斜肩

1. 起式同前。

2. 右腳橫著前進一步，腳橫著落下，腳尖外擺。同時，劍立著向右撥（圖26）。上式不停，隨即左腳向前邁進一步。劍向左砍（圖27）。

3. 右腳向右前方邁進一步。同時，劍向左掛一圈向右

前方反撩（圖28）。然後再向左前方上右腳（橫），進左腳，右撥左砍；再向右前方上右腳，左掛右反撩。如此循環練習，次數不限，回身動作同前。

技擊用法

對方從正面向我刺或劈來，我上右步，以劍格於對

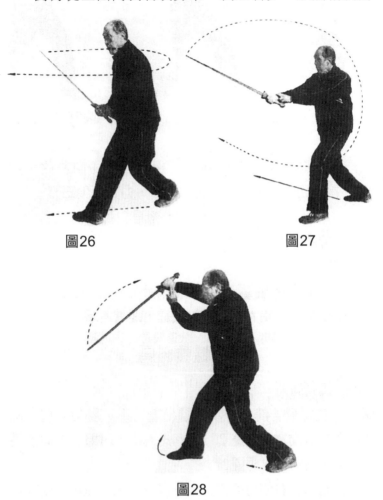

圖26　　　　　　　　　　　　圖27

圖28

方兵刃之上，進左腳順對方胳膊，直斬對方首級（圖
29a、圖29b）。對方如退步以兵刃上格我之劍，則我急上
右腳，反腕以劍自下而上反撩對方之右脅（圖30）。

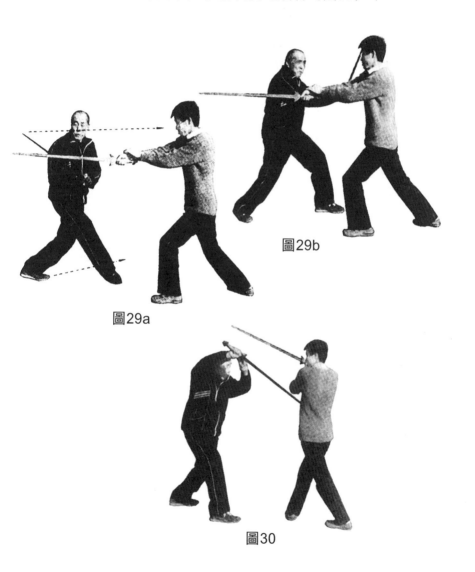

圖29b

圖29a

圖30

七、白虎洗臉

1. 起式同前。

2. 左腳抬起橫落，身向左轉，兩腿微屈交叉成剪子股勢。劍向左上方撩，左手撫於右腕上，勁在劍尖（圖31）。

3. 左腳寸步，右腳跟進。劍向前刺（圖32）。

4. 右腳向前邁進一步，橫著落，身向右轉，兩腿微屈、交叉成剪子股勢。劍向右上方反撩，左手撫右腕上，勁在劍尖（圖33）。

圖31

圖32

圖33　　　　　　　　圖34

5. 右腳寸步，左腳跟進。劍向前刺，與動作3相同，唯係右腳在前。

技擊用法

左撩、右撩是自下而上削對方的耳朵或面頰，故曰「白虎洗臉」，前刺是紮對方面頰或咽喉。

八、橫垂寶劍

1. 起式同前。

2. 右腳前進至左腳內側踏實，身體向左轉45°。同時，劍向右撥、向左前（**東南方**）下劈外撥（圖34）。

3. 左腳向前（**東南**）邁進一大步，右腳跟步。雙手捧劍向前平刺，同圖21之勢。

4. 左腳寸步，身向右轉至面向西南方，右腳提起置於左腳內側，腳尖點地成虛步。同時，劍向左撥，向右前下

圖35a　　　　　　　　　　圖35b

方劈出（圖35a、圖35b），外撥。

　　5. 右腳向前邁進一大步，左腳跟步。雙手捧劍向前平刺，與動作3相同，唯係右腳在前耳。

技擊用法

　　當對方以劍刺我胸腹以下時，我以劍下格、外撥（圖36），然後翻腕以劍刺彼之前胸。此式向左向右用法相同，全看對方兵刃是偏左或偏右而定也。

九、子尾撩陰

　　1. 起式同前。

　　2. 劍向後撩，向上畫一大圈，仍到前方成立劍，左手掐劍訣置右腋下。同時，右腳向前橫著邁進一步，身向右轉。眼向後看（圖37）。

　　3. 左腳邁進一步。劍向後撩，左手劍訣指向前。頭向

圖36

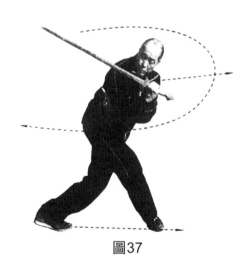

圖37

右後扭，眼仍向後看（圖38）。

　　4. 然後再重複動作2、3。

　　如此反覆練習，次數不限。回身動作仍同前。

圖38

技擊用法

敵人從背後來襲，我以劍向後格之，同時進步以拉開與敵之距離，以便翻身應戰。此時敵若進逼不捨，我則伏身自下倒撩敵人下部，故曰撩陰。其力在劍尖一撩一剪而不是向後大甩，如鼠之抖尾然，故曰「子尾撩陰」也（圖39、圖40）。

圖39

圖40

十、金雞上架

1. 起式同前。

2. 左腳寸步。雙手捧劍前刺。

3. 右腳進步橫著落地，腳尖外擺。劍自上向回帶成立劍，抱於身體右側（右撥也）。眼向前看（圖41）。此式叫做「金雞報曉」。

4. 右腳不動，左腳提膝上抬，高與膝平。同時，劍向前下方剪刺（圖42）。此式叫做「金雞獨立」。

5. 左腳向前落下。同

圖41

圖42　　　　　　　　　圖43

時，劍向左撥向前劈下（圖43）。劍之劈下與左足落地要同時。此式不停，隨即右腳邁進一步。雙手捧劍向前平刺。此式叫做「金雞鬥爭」。

然後重複上述3、4、5的動作，唯左右相反。如此左右輪換練習，次數不限。回身動作仍同前。

技擊用法

金雞報曉是向右上方撥開對方來攻之兵刃。金雞獨立是撥開對方兵刃後迅速向前刺腹、刺腿。金雞鬥爭是再次斜著格開對方兵刃而進步刺胸。此三式是連續動作，一氣呵成。

十一、喜鵲穿枝

1. 起式同前。

2. 劍向右畫。同時，左腳向左斜跨一步，右腳跟步落

於左腳內側，併步，雙膝微屈。同時，右手握劍向右前方刺出，左手撫於右腕上以助力（同圖32）。

3. 劍向右撥下畫，右手握劍向後拉至右胯側。同時，右腳向右斜跨一步，左腳急撤至右腳後成交叉步。左手劍訣指向前方（圖44）。

4. 腳步不動，右手握劍前刺，左手撫於右腕上（圖45）。

如此左右練習，次數不限。

技擊用法

當對方從正面向我刺來或下劈時，我根據當時的敵我位置或我之姿勢，□向左進步閃身避過對方之劍（**此為走**

圖44

圖45

外）以刺對方；亦可向右跨步閃身（**此為走裡**）避過對方
之劍以還擊也，故曰「喜鵲穿枝走裡外」。

十二、迎風扇扇

1. 起式同前。

2. 左腳寸步，右腳跟步。同時，右手握劍右撥，隨
即向左後方砍下，左手劍訣置於右肩側。眼向前看（圖
46）。此式叫「懷抱陰陽」。

3. 右腳向右前方邁一步。同時，右手握劍向右前上方
撩出，左手劍訣置左大腿外側。眼看劍尖（圖47）。此勢
名「丹鳳朝陽」。

4. 右腳寸步，左腳跟步。腰向右轉，右手握劍向右下
方畫，左手劍訣指向左前方。眼看左前方（同圖34）。此
式叫做「鐙裡藏身」。

圖46　　　　　　　　圖47

5. 左腳向左前方邁進一步。同時，右手握劍向左前方撩去，左手撫於右腕上。眼看劍尖。此式叫做「一鶴沖天」。此式類似圖2所示，唯手略高耳。

技擊用法

迎風揮扇，一上一下，上是挑、撩，下是格、劈。《拳經·交手法》有云：「顧法之秘無它，上挑、下砸、中裹橫……」其實用劍又何嘗不然？上來上格（撩、撥），下來下格（畫、撥、劈），中裹橫者即立劍之左撥、右撥、左圈、右圈是也。迎風扇扇之左砍右劃即是下格，左撩右撩即是上挑。此撩法可以是顧法，用以格對方兵刃；亦可以是擊法，以撩刺對方胸腹。運用之妙全在審時度勢，隨機應變耳。《易經·大篆》曰：「神而明之，存乎其人」，斯之謂歟？！

十三、踏罡步斗（即圈劍一法）

1. 起式同前。

2. 兩手上攢劍向左裹。左腳外擺走外行步，右腳內扣走裡行步，名曰「玉環步」，如此轉過180°（圖48a、圖48b）。

3. 劍向上、向右掛，畫一大圈，置於身右側，右手向右前方伸著，微屈肘下垂，手與右肩同高，劍斜向右後方，劍尖比右手略低（圖49）；左手劍訣置額左上方。

4. 右腳走外擺步，左腳走裡扣步，轉過180°，此乃反向的「玉環步」。

5. 閃身向左轉身，右腳不動，左腳提起與膝等高。與

圖48a　　　　　　　　　圖48b

圖49

轉身的同時，劍自腦後盤至面前橫著落下，置於腹前，左手撫於右腕上（圖50a、圖50b）。此式叫做「腦後摘盔」。

6. 左腳落下向前進一大步。雙手握劍向前平刺（同圖21）。

然後再重複2～6的動作。如此左旋右盤，反覆練習，次數不限。

技擊用法

圈劍一法乃是顧法，從走中變身法而進擊。如對方自正面或自左側向我劈、砍、紮，我可以圈劍粘住對方兵刃，走右側玉環步以伺機進攻。如對方從我之右側進攻，我仍以劍將彼之兵刃粘住，走反行玉環步以伺機進攻。如彼已轉至我之右後方，我則不必追趕之，可以右腳裡扣，身向左轉，以「腦後摘盔」之勢轉成與對方正面相對之狀態，急進步而刺之。

圖50a

圖50b

此是大體言之。在鬥劍中，凡是將我劍粘住對方兵刃而左旋、右轉，聽對方之勁路而乘隙進攻者，都是此「圈劍一法」的引申。

十三劍的基本擊法、基本招數、基本練法和基本用法，大致如上所述。劍為百兵之君，是輕兵器，使用起來不能如刀之纏頭裹腦，硬磕硬架，硬砍硬劈，而要求身法輕便靈活，輾轉迅速；對劍招則要求能纏繞，能粘連，伸縮自如，無孔而不入。此非能做到神與氣合，氣與勁合，身與劍合，勁貫劍尖者不可得也。練劍之難即在於此，用劍之神亦在於此。

故練劍者必先煉神、煉氣、練形、練勁。既雲劍是手臂的延長，故使劍時劍身即我之胳膊，劍尖即吾之掌指，而運動中仍需以神氣為元帥，以腰為主宰，風吹大樹百枝搖，一身動而百肢隨也。劍須以拳為基礎，先精於拳而後才能精於劍。學者應悉心體會，領悟其中奧妙，掌握其中精華，則自能超乎象外，得其寰中，萬勿沉湎於進退攻守之間，斤斤計較其一招一式之長短高低，則將差之毫釐謬以千里也。

前輩武術名家，河北大槍張樹德先生有云：「用槍之道無它，神氣二字而已。與人相較之時，須先將吾之神氣貫於槍尖之上，以我神罩住對方，以我槍沾著對方之槍，用神氣一粘一發則對方自敗矣，何需換招戰！」此真乃十分中肯之言。用劍之道，又何嘗不如是耶！

李劍秋先生談交手

　　李劍秋，河北束鹿人。幼年隨父雲山同受業於李存義先生之門，後又學藝於張占魁，盡得形意、八卦之妙。1917年，與李子揚等挫俄國大力士於北平中山公園，一時名噪京師。後受聘任清華大學武術教授，致力於形意拳、八卦掌之傳播，教人無數。1954年卒於北京。以下是先生在教學中有關交手的論述。

　　先生云，武術是體用兼備的民族形式的體育運動。從拳理來講，靜為本體，動為作用。若從拳之本質來講，則自己練架子以強健身體謂之體，與人交手時按平日自己所學之招法因對方所發之形式而應對之謂之用。如自己鍛鍊以祛病健身，並無大難，但要與人交手而占上風、操勝算，則大不易。

　　交手之道有四要，不可不知。第一，膽氣要壯；第二，要善於審度形勢；第三，要反應靈敏、出手快；第四，要功力深厚。現在我可為汝等詳言之。

　　常言道得好，軟的怕硬的，硬的怕橫的，橫的怕愣的，愣的怕不要命的。兵法云：「兩軍陣前勇者勝。」岳武穆在拳論中說：「未曾交手，要一氣當先。發作要鷹揭

勇猛，切勿畏懼遲疑。心要佔先，意要制人。臨敵不勝，
必有寒食之心。」只有將生死置之度外的人，才能剛毅果
斷，不失時機；只有不怕死的人，才能勇往直前，死中得
生。

　　這裡主要是指精神狀態和戰鬥意志，而不是盲目自
信，不看敵我形勢，一味蠻打死拼。是指氣要領先、意要
勝人，並非不講戰術，一味胡打亂踢。二人交手之目的在
於戰勝對方，所以應立足於進攻。腳踏中門，斬梢迎面固
然是進攻；退讓防禦，閃展騰挪也是進攻，是為了給進攻
創造有利條件。防而後攻，防中有攻，防攻同時並舉，意
在於攻而不在於守。只有敢於進攻，善於進攻，才能取得
交手中的主動權。

　　勇猛大膽與技藝高超是有密切聯繫的。當然膽大者未
必藝高，藝高者也未必膽大。可是如膽大且藝高，則可免
胡打蠻幹之虞；藝高者如膽氣又壯，則可更好地發揮其技
擊水準。所以二者相輔相成，互為補充。

　　其次，二人交手，如同兩軍交鋒之理，「知己知彼，
百戰不殆」，審度形勢是重要的一環。審度形勢包括兩個
方面：一是辨明地勢之遠近、平夷險阻、廣狹、生死；二
是審度較技者即對方的精神狀態、體質強弱、動作是否靈
活、發力是否渾厚……根據具體情況，決定戰而勝之的策
略。若兩人相離很近，出手便能相接，要採用「近地宜
速」之法，眼要看準，手要撥轉，腳踏中門，束身而進，
猛撲上去，或打或踢，以迅猛為尚。若二人相距較遠，則
應先緩緩動步，相機而進，待對方動機初露之時，我即迅

速撲上去。如對方身強力大，我切不可力敵，應避其銳氣，以柔進剛，擊其墮歸。也就是說要踏偏門，從迂迴運動中找戰機，有機會便打，打完了便走。不驚慌不氣餒，不為對方氣勢所震懾，最後亦可戰而勝之。若對方身材瘦小，力不及我，也不可驕傲輕敵，免受其愚。仍須審度形勢，尋找有利戰機，一旦有機可乘，則可以壓倒之勢，一擊而勝之。總之進攻不可冒險，防禦不能保守，要會揚長避短，以能充分發揮自己的技術為上策。

反應靈敏，動作迅速，是二人交手取勝的重要因素，是自始至終貫穿於整個交手過程中，無時無地不在起作用的因素。俗話說：「手快打手慢」，岳武穆拳論中也說：「心動快似馬，臂動速如風。發手要快，不快則遲誤，舉手要活，不活則不快。起手如閃電，閃電不及合眸，打人如迅雷，迅雷不及掩耳。」

形意拳經有七疾：眼疾、手疾、腳疾、意疾、出勢疾、進退疾、身法疾。有如生龍活虎，令人不可捉摸。在二人交手搏鬥中，情況瞬息萬變，尤其是面對剽悍、勇猛的對手，向你高速攻擊時，你是無暇考慮使用哪個招數的。拳經說：「準備萬般一旦無，千招不如一招熟，手急還需應之早，過後見勢不如無。」臨陣時最有效的辦法是拋開一切拳理、拳法、清規戒律，把注意力全部集中於對方身上，憑著本人的直覺和本能動作又快又猛地進攻對方。所謂快，不只指速度，還要意、氣、招法、勁路都走在對方之先，一出手便要將對方「吃」住，使其施展不開手腳，無法發揮其威力。二人交手，動作的快慢是相對

的。比如就練太極拳者來說吧，動作總是柔、緩，似乎常處於劣勢，然而他能利用化勁、掤勁、黏勁等制住對方，使對方百般不得勁，動作想快也快不起來，結果還是他比對方快，還是手快打手慢而獲勝。

快，是交手取勝的重要因素，但不是決定因素。錯誤的動作，不如不動。貴在經驗豐富，判斷準確，掌握時機，不先不後，恰到好處；出手上步，動作正確，不長不短，不貪不歉；用勁剛柔相濟，橫豎得體，進退有度，化發適宜。凡此種種，統而稱之曰「功夫」或「功力」。功力乃是交手取勝比較可靠的後盾。這其中有技術問題，也有經驗問題。經驗是打出來的，這裡只談技術問題。

技術的主要內容之一就是招法。我們在交手時應該用什麼招法？這與前邊所談的「用直覺和本能動作去攻擊對方」和「拋開一切拳理、拳法」不是自相矛盾了嗎？不是的，一點也不矛盾。

交手時所用的最有效的招數，也就是人們日常所謂的「絕招」，從其整體上講，應該是將人本能的、習慣的動作，納入規矩之中，使之更加合理化，以適應攻防形勢的需要，這樣才能更大限度地發揮人體潛在本能，而絕不是要選擇奇異的、高難度的、足以嘩眾取寵的動作。所以，在平常練拳時，就應該選取那些動作簡單而又符合一般人日常動作習慣、動作幅度和在人的正常生理限度以內、攻防上合乎力學原則的動作，反覆練習，千錘百煉，使其得心應手，達到不思而得、無為而成的程度。動作的簡單樸素是極其重要的前提，以其簡單，才便於學習和容易掌

握；以其符合人的日常習慣，才便於行走坐臥時時練習，用時才能不假思索，出手便是，做到高度自動化。

以武林前輩名家言之：郭雲深之虎撲，宋世榮之蛇挑，張占魁之連環劈，李存義之虎爪鷹啄，玄陛子之十方戒，張鑒塘之照鏡手，尚雲祥之半步崩……無一不是動作簡單，和順自然，望之平淡無奇，交手時則避之甚難，就是這個原因。郭雲深先生留下兩句話：「有形有意都是假，拳到無心方見奇」，值得我們深思。

技術之第二內容，是在交手時的運用問題，即如何發揮自己的技術問題。這個問題是多方面的，要因人、因勢而異，這裡只能說點原則性的問題。發揮技術的前提，必須是平時將那些簡單樸素而實用的動作，經過千錘百煉，吸收溶化，確實已經練到自己身上來了，才談得上應用，這是要下苦工夫的。

在與人交手時，不能過多地思考，要根據形勢，意自心生，拳隨意發。遠不發手，拳打三尺以外五尺以內。一步一拳，手腳齊動。發手總以得人為準，以不見形為妙。未接手時，要一氣當先，初一接手，要變化靈活，能以橫破直，方為上策。上手時，以撒手而出，著人成拳，為的是能夠靈活變化。

不論用哪種打法，都要上下一起相隨，出手先占中門，此之謂巧。眼要精，心要狠，身要進，發勁要整。當發即發，切勿游移。遠用手，近用肘；遠用腳踢，近加膝。足踏高不過膝，膝頂高不過腹。進步時先進前腳，後退時先退後腳，左進先邁左腳，右閃先動右腳，蓋因兩腳

交替時最易為人所乘。動身時如山移、如牆崩；落腳時如樹紮根，如釘子入木。肩背宜鬆活，襠胯宜靠緊，腰脊須善於轉動。身要如蛇曲，擊首則尾應，擊尾則首應，擊其中則首尾皆應。動轉時，腳隨手之出入；調息時，任呼吸之自然。要注意審查來勢，防止中人詭計。膽要大而心要細，動作急而內沉著。要動步不動心，動身不動氣。心靜而後步才能堅實，氣靜而後身法才能穩便。所以高手與人相較時，神雖緩而眼疾；心雖緩而手疾；氣雖緩而步疾。舉手談笑間而勝負已定。總之，二人相較，無論使用百般打法，發揮各種技術，總不外乎一心為主宰，運乎二氣之流行。還在於平時刻苦操練，勿誤朝夕，功夫不負有心人也。

最後，先生又云：雖然練拳必講交手，練拳者必要會交手，但切記不可輕易與人相較，更不能傷人。現在時代不同了，二人交手也只是體育項目，友誼比賽，不同於昔日之臨陣殺敵，性命相搏。練武必先修德，此是第一要務，願爾等謹記勿忘。

郭雲深先生談形意拳

　　郭雲深，字峪生，河北深縣人。學拳於李洛能，為其八大弟子之首，形意內、外功已達爐火純青之境界。一生善用崩拳，與人相較，從未敗北，故有「崩拳大師不倒翁」之稱。所授弟子甚多，如李奎元、王薌齋、劉維祥等，皆是武林名家。先生在授徒過程中，對形意拳之拳法拳理及應用都做過精闢的論述。河北完縣孫祿堂常侍郭老先生左右，故所得獨多，著有《拳意述真》一書。

　　現筆者將所聞整理介紹如下。

一、三步功夫，三層道理，三種練法

　　練形意拳有三步功夫，即易骨、易筋、洗髓是也。易骨是固本的功夫。俗言，根深則葉茂，本固而枝榮。練之可使骨骼堅實，肌肉豐滿，氣質威嚴如泰山。易筋是練筋騰膜的功夫，增加肌腱的柔韌性和彈力。俗云：「筋長一寸，力大無窮。」練之使其勁縱橫連絡，生長無窮。洗髓是上乘功夫，練之使其性空、體虛、氣靈；意神統一，形勢統一，氣勁統一，神氣運用，圓活無滯，身體動轉，輕如羽毛。拳經云：「三回九轉是一式」，即指此也。

1. 明勁功夫

明勁也就是拳中之剛勁。練明勁是易骨之功夫，與丹道煉精化氣的道理相合。人之初生，其性天真，無有私慾，先天統後天，後天順先天，故身體健康，根基堅固。以後年事漸長，知識漸開，靈竅漸閉，血氣盛行，正氣衰弱，於是便先、後天不合，陰陽不交，以致身體筋骨不能健壯。

昔日達摩大師傳下《易筋》、《洗髓》二經，教人練之以強壯身體，以還其人生之初的本來面目。其後岳武穆王加入《易骨》，發展之成為三經。並將此三經製成拳術，進一步發明此三經道理之應用，使之既有虛空、靈通之本體，又有神化不測之妙用。此即拳經所云「靜為本體，動為作用」之含義。因此拳是內外一氣，陰陽渾成，剛柔相濟，動靜一源，體用一道，所以說靜是本體，動是作用。靜為道之本，靜為動之體，只有靜才能進行精神意志的修養，增強意識支配自我形體的能力。精神意識為生命之主宰，形體活動為生命之基礎，二者相合，才能使人身這一小天地與陰陽變化、天地之理相合，人的氣質乃得以變化：弱者可變強，柔者可變剛，悖者可變為和順。

練明勁，是將人身中散亂之內氣，收納於丹田之內，使之不偏不倚，和而不流。按照拳經中《九要》所規定的形式練習，不可隨意更改，所謂「無規矩，不能成方圓。圓者以應其外，方者以正其中」是也。動作要上下相隨，手足相顧，內外如一；動轉要和順而不可乖戾；起落要整齊一致而不可散亂。果能如此，便達到了明勁的要求。

明勁雖是初步功夫，但它是形意拳一切招法和一切勁路的基礎，也是健身、養生中重要的一環。拳經云：「練形而能堅，煉精而能實。」這易骨之勁和煉精化氣之功，是萬萬不能等閒視之的。

2. 暗勁功夫

暗勁也就是拳中的柔勁。練暗勁是易筋的功夫，與丹道中煉氣化神的道理相合。應先將明勁練好，再練暗勁。練時所用之勁，是將形氣神合住，兩手用力往後拉回（內中有縮勁），如同練虎鉤時一般。其意又如拔鋼絲。或兩手前後用勁：左手往前推，右手往後拉；或右手往前推，左手往後拉，其意如撕絲綿，又如開硬弓時徐徐拉開之意。兩手或右手往外翻橫，左手往裡裹勁；或左手往外翻橫，右手往裡裹勁，如同練蛇形時兩手之動作。或兩手往前推動，如推重車，推之動而不動之意。兩腳之用力，前腳落地時腳跟先著地，不可有聲，然後再落腳著地；後腳用力蹬勁，如同邁大步過壕溝之意。兩腳之進退，明勁、暗勁步法相同，唯是明勁有聲，暗勁則無聲耳。

練暗勁時，從總體上說，神氣要舒展不可拘束，動作要圓活而不可停滯。內中大氣鼓蕩，貫於四梢；勁路則橫豎斜纏，剛柔相濟；神光默運而鋒芒不露。練到至柔至順，到達極處，便是暗勁之終、化勁之始的時候了。暗勁與化勁並無明顯的分界，只不過是程度上的不同而已。

3. 化勁功夫

化勁功夫是形意拳的高級階段，是在暗勁的基礎上再加向上的功夫，用丹道煉神還虛之功，練至神形俱杳，以

至於無聲無臭。拳經云：「拳無拳，意無意，無意之中是真意。」指的就是化勁功夫。須知練化勁與練畫勁不同，切不可混淆不清。畫勁又叫短勁。練明勁練暗勁時，也有畫勁。畫勁是兩手出入起落都較短，如同手往牆上抓去，往下一畫仍回到自己身上來。

　　練化勁者與前兩步功夫在形式上無大區別，唯所用之勁不同。拳經云：「三回九轉是一式」，三回指的是明勁、暗勁、化勁，九轉指的是道家所謂的九轉純陽，化至虛無而還於純陽的道理。

　　練化勁時，周身四肢之動轉、起落、進退，仍順著前兩步功夫的形式，規矩不可改變，唯不可用力，要專心於神、意之運用。但所謂不用力亦並非頑空，手足動作之力要有而若無，實而若虛。腹內之氣，所用亦不著意，又非全不著意，要周身內外全用真意，意在積蓄其虛靈之神耳。何謂「真意」？即在雜念紛紜中，忽的一覺，顯現一個無雜念的「念頭」，此即真意。運用真意將氣、勁、形統一於一體，便能晶瑩透徹，無所不含，恍惚渺冥，自然感應。這便是《丹書》上所說的：「不見而章，無為而成，寂然不動，感而遂通。」其中妙境，全靠自己領悟，不可言傳也。練到此時。便可無入而不自得，無往而不得其道。與人相較，亦無可而無不可也。故云，有形有意都是假，拳到無心方見奇。

　　形意拳之道，不外神、氣二字。其理與丹道可合而為一。丹道是靜中求動，動極而復歸於靜；拳術是動中求靜，靜極而復歸於動也。其初練之時，似頗不相同，至煉

神還虛之時，則完全一樣了。文武之道，皆是剛柔相濟，隨時消息，順中用逆，無過不及，從容中道而已。

二、形意拳之呼吸、內氣與內勁

練形意拳，有三層呼吸。

第一層是煉精化氣之功的呼吸。將舌稍稍向上捲起，抵住上齶，口似開非開，似合非合，呼吸任其自然，不可著意。手足動作要合乎規矩，此之謂調息。

第二層是煉氣化神之功的呼吸。口仍是似開非開，似合非合，舌抵上齶，但要著意於丹田之內呼吸，是謂息調。

第三層是煉神還虛之功的呼吸。心中空空洞洞，不有不無，非有非無；呼吸純任自然，勿忘勿助，有而若無，無聲無臭。這便是還虛之道的神化妙用。

練拳時，其機由靜而動，再由動而靜，成為三體式。其姿勢是兩腳前後開立，前虛後實，上身正直。不前俯後仰，不左偏右倚。全身要放鬆，心要虛、靜，純任自然，不要有一毫血氣相加於內。由著自然虛靈之本體，萌動練去，此即是拳中之真勁。

三體式為萬形之基礎，不得其中者，不能與太極先天之氣相合。所謂中，指的是用一定的規矩法則，將自身中馳於外面的散亂之氣，縮回身中，返歸於丹田之內，與丹田之氣相交，自無而有，自微而著，自虛而實，漸漸積蓄，使正氣復初，則血氣自然不加於其內，心中自然虛空，是之謂中，亦可謂之道心。此即先天之真意。身體手

足之動作是有形之物，謂之後天。用後天合著規矩法則的動作，去表達先天真意，即是形意拳之大道。所以三體式之靈妙，非有真傳者，不能知也。練拳時，最初積蓄的真意和真氣，至於充盈滿足，中而不倚，和而不流，無形無象，即為拳中之內勁。

　　初學之人，應按照「三害、九要」之規定，使手足動作不失三體式之本體。練時口要似開非開，似合非合，純任自然，舌抵上齶，用鼻吸鼻呼。平常不練功或剛練完畢時，口要閉，不要張，以鼻呼吸。除說話、喝水、吃飯外，總要閉口，舌抵上齶，至為緊要。睡眠時，也要如此。練時，如動作不合規矩，上下不齊，手足不合，進退步法錯亂，便會牽動呼吸之氣不勻，出氣很粗，甚至胸間發悶，這叫做「息不調」。息不調則身體動轉不能順遂，拳法亦必然乖謬。息調時，才能用真意將呼吸之氣引之於丹田，腹實而若虛，有而若無，靈性不昧，正氣常存。這便是拳術中內勁的意義，也就是形意拳中和之道。練拳形順者，自然有力，內裡中和者，自然生氣；神意歸於丹田者，則身重如泰山；神氣合一化成虛無者，則身輕如羽。但此數者皆不可以強求，強求極易出偏，只能按照規矩，自然練去，不勉而中，不思而得，從容中道而後可。

三、形意拳之用法

　　形意拳之用法，也有三層：有有形有象的用法，是為初級階段；有有聲有名無形的用法，是謂中級階段；至高級階段時，則成為無形無象無聲無臭之用法了。拳經云：

「起如鋼銼，落如鉤竿。未起如摘子，未落如墜子。起如箭落如風，追風趕月不放鬆。起如風，落如箭，打倒還嫌慢。腳打七分手打三，五行四梢要合全，氣連心意隨時用，硬打硬進無遮攔。打人如走路，看人如蒿草，膽上如風響，起落似箭鑽。」這指的是明勁的用法，也就是初步的、有形有象之用。到暗勁之用時，則高了一層。拳經云：「起似伏龍升天，落如霹雷擊地，起無形，落無蹤，起意好似捲地風。起不起，何用再起；落不落，何用再落。低之中望為高，高之中望為低。打起落如水之翻浪。不鑽不翻，一寸為先。腳打七分手打三，五行四梢要合全，氣連心意隨時用，打破身式無遮攔。」這乃是第二步暗勁形跡有無之用。

到化勁之為用時，則更有不可言傳之妙。所謂「拳無拳，意無意，無意之中是真意」者是也。行止坐臥，隨時而發；寂然不動，感而遂通。一言一默，一舉一動，或有人處，或無人處，無處不是用，處處皆是用，如果忽然有敵來犯，我並無意打他，心中空空洞洞，無一絲成見在先，只是隨著來勢，自然應之，隨意一動，則敵人被擊出甚遠。這便是化勁無形無象之用。此外，還要懂得虛實、奇正之理。所謂虛，並非專以虛勁應付對方；實亦非用力占煞。比如我手在對方手上，用勁拉回，如落鉤竿，這便是實。我手在對方手下，亦用力拉回，對方手挨不著我，這便是虛。這並不是專心致意於虛實，全在於對敵我雙方形勢之感觸耳。奇正之理，也是如此。奇無不正，正無不奇，奇中有正，正中有奇。奇、正之變，如循環無端，其

用不窮。以上便是三層用法之要略。

練拳健身，袪病延年，並非難事。但若與人相較，克敵制勝，卻是老大不易。對相熟識之人，平時相互瞭解，知己知彼，動起手來，勝負猶未可測。而於素不相識之人，互不瞭解，一交手則技淺者便將立即捉襟見肘。若二人皆是名手，則更不易言勝。所以第一要存心謹慎，不可驕矜，驕則必敗。一睹面要先察來人精神是否虛靈，氣質是否雄厚，身軀是否活潑；再聽其語言、觀其神氣是謙虛還是驕傲，其言談神氣和形體動作是否相符？從此便可推知其技藝高低之大概情況了。相較之時，務必要辨認自己所處地勢之遠近、險隘、廣狹，若二人相離極近，彼發拳發足皆能傷及我身，便要用「近地宜速」之法，運用雙眼監視之精以看准對方，以雙手撥轉之能動作奸巧；肘不離肋，拳不離心，腳踏中門，直搶進去，乘其不備而攻之，出其不意而取之，先發制人，不可畏縮。若二人相距較遠，或三四步，或五六步，則切不可直上，恐對方以逸待勞而占上風，要用「遠地宜緩」之計。即初動之時，將神氣暗涵於內，好像有意無意一般，緩緩走到與對方相近之處，相機而動。待彼動機方露，我便迅速撲上去，或拳或掌，隨左打左，隨右打右，起落變化，任意施為而切莫游疑。果能如是，即便不能取勝，亦不致驟然便敗給對方也。總之以謹慎為要，切切謹記！

太極武術教學光碟

太極功夫扇
五十二式太極扇
演示：李德印 等
（2VCD）中國

夕陽美太極功夫扇
五十六式太極扇
演示：李德印 等
（2VCD）中國

陳氏太極拳及其技擊法
演示：馬虹（10VCD）中國
陳氏太極拳勁道釋秘
拆拳講勁
演示：馬虹（8DVD）中國
推手技巧及功力訓練
演示：馬虹（4VCD）中國

陳氏太極拳新架一路
演示：陳正雷（1DVD）中國
陳氏太極拳新架二路
演示：陳正雷（1DVD）中國
陳氏太極拳老架一路
演示：陳正雷（1DVD）中國
陳氏太極拳老架二路
演示：陳正雷（1DVD）中國

陳氏太極推手
演示：陳正雷（1DVD）中國
陳氏太極單刀・雙刀
演示：陳正雷（1DVD）中國

郭林新氣功
（8DVD）中國

本公司還有其他武術光碟
歡迎來電詢問或至網站查詢
電話：02-28236031
網址：www.dah-jaan.com.tw

原版教學光碟

歡迎至本公司購買書籍

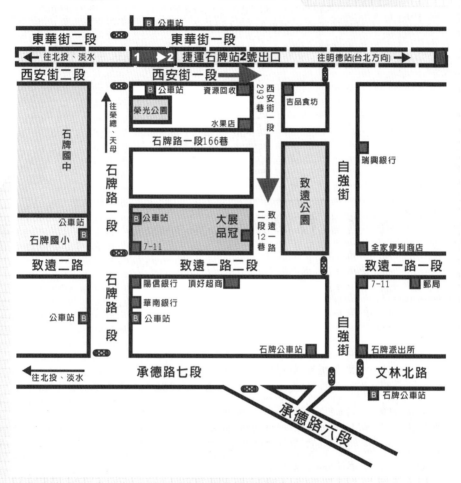

建議路線

1.搭乘捷運‧公車

　　淡水線石牌站下車，由石牌捷運站2號出口出站(出站後靠右邊)，沿著捷運高架往台北方向走(往明德站方向)，其街名為西安街，約走100公尺(勿超過紅綠燈)，由西安街一段293巷進來(巷口有一公車站牌，站名為自強街口)，本公司位於致遠公園對面。搭公車者請於石牌站(石牌派出所)下車，走進自強街，遇致遠路口左轉，右手邊第一條巷子即為本社位置。

2.自行開車或騎車

　　由承德路接石牌路，看到陽信銀行右轉，此條即為致遠一路二段，在遇到自強街(紅綠燈)前的巷子(致遠公園)左轉，即可看到本公司招牌。

國家圖書館出版品預行編目資料

形意拳技擊術／尚 濟 著
——初版——臺北市，大展，2014〔民103.12〕
面；21公分——（形意‧大成拳系列；3）
ISBN 978-986-346-047-3（平裝）

1.拳術 2.中國

528.972 103020101

形意拳技擊術

著　者／尚　　濟

責任編輯／王　躍　平

發 行 人／蔡　森　明

出 版 者／大展出版社有限公司

社　　址／台北市北投區（石牌）致遠一路2段12巷1號

電　　話／(02) 28236031‧28236033‧28233123

傳　　真／(02) 28272069

郵政劃撥／01669551

網　　址／www.dah-jaan.com.tw

E-mail／service@dah-jaan.com.tw

登 記 證／局版臺業字第2171號

承 印 者／傳興印刷有限公司

裝　　訂／承安裝訂有限公司

排 版 者／千兵企業有限公司

授 權 者／山西科學技術出版社

初版1刷／2014年（民103年）12月

定　價／330元

大展好書　好書大展

品嘗好書　冠群可期